前车之鉴
后事之师

城市轨道交通工程勘测常见质量问题及对策

马海志　主编

中国计划出版社

图书在版编目（CIP）数据

城市轨道交通工程勘测常见质量问题及对策/马海志主编.
—北京：中国计划出版社，2015.11
ISBN 978-7-5182-0304-8

Ⅰ.①城… Ⅱ.①马… Ⅲ.①城市铁路－轨道交通－
勘测－研究 Ⅳ.①U239.5

中国版本图书馆 CIP 数据核字（2015）第 272664 号

城市轨道交通工程勘测常见质量问题及对策
马海志 主编

中国计划出版社出版
网址：www.jhpress.com
地址：北京市西城区木樨地北里甲 11 号国宏大厦 C 座 3 层
邮政编码：100038 电话：(010) 63906433（发行部）
新华书店北京发行所发行
北京市科星印刷有限责任公司印刷

880mm×1230mm 1/16 8.5 印张 244 千字
2015 年 11 月第 1 版 2015 年 11 月第 1 次印刷
印数 1—3000 册

ISBN 978-7-5182-0304-8
定价：29.00 元

前　言

古人云：以铜为镜可以正衣冠，以史为镜可以知兴衰，以人为镜可以明得失。《城市轨道交通工程勘测常见质量问题及对策》收集、整理了近几年国内城市轨道交通、市政建设过程中典型的质量问题，汇集了勘察、测量、测试、岩土等专业案例，对质量问题进行了深入研究分析，提出了整治和防范措施，对指导工程建设具有警示和教育意义。

《城市轨道交通工程勘测常见质量问题及对策》是一本鲜活的教材，从汇集的事故案例分析可以看出：质量问题的发生绝不是偶然、孤立的，每个质量问题的发生都与人、机、物、环境这几大因素有关，尤其人员因素是引发质量问题的主要原因。因此，希望能在总结前人经验的基础上，为管理人员、技术人员提供借鉴，不断提高质量意识，严防和避免各类质量安全事故发生，确保国家和人民生命财产安全，创建出更多优质精品工程。

在本书编写过程中，得到了行业内各单位的大力支持，得到了院内外专家的帮助指导，众多专家为本书提供了大量的素材和工程管理经验材料，在此一并表示感谢！

由于我们的编写水平和实践经验有限，书中难免有不足之处，敬请广大读者批评指正并提出宝贵意见。

编写单位：北京城建勘测设计研究院有限责任公司

主　　编：马海志

副 主 编：刘永勤　黄溯航　陈大勇　冯科明　曹宝宁

参编人员：李芳凝　任　干　李　响　王维林　周玉凤　庞　炜　李世民　孙常青
张桂满　王增良　刘满林　邢立军　张亚华　龚选波　滕红军　周　默
龚洁英　闫宇蕾　余永明　金　亮　董培鑫　廖　鹏　陶　盾　赵　勇
陈　晶　王　彪　高　涛　刘润平　李　鹏　王荣权

审　　查：张建全　廖远国　高文新　李　莉　马全明　吴炳涛　王思锴　刘志强
马雪梅　郑有常　黄伏莲

本书编写组

2015. 5. 6

目　　录

第一篇　勘察篇

第一部分　前 期 准 备

案例1：立体停车楼未查明场地既有基础问题

1　案例描述

某工程地块近似矩形，宽约60m，长约75m。拟建停车库为地上五层钢框架结构，一层架空；基础为混凝土独立柱基，并设混凝土地梁，基础采用明开挖施工。

勘察单位于2013年6月提交了《立体停车库改造工程岩土工程勘察报告》，该停车库于2014年6月陆续进行了基槽开挖及验槽工作。

施工单位在开槽过程中，发现自然地面下0.4～0.8m遗留有原建筑的老独立基础，素混凝土材质，分布不均匀、不连续，呈杯形和条形状，单独分布，基础底埋深约为1.2m。原有独立基础破除后，槽底土质主要为填土①层，局部为黏质粉土砂质粉土②层，填土①层钻探野外描述为褐色、黄褐色粉质黏土填土。

2　案例分析

（1）本工程在现场踏勘、纲要编制、现场施工、报告编写工程中没有充分搜集拟建场地的历史沿革以及地下构筑物、管线等分布情况。

（2）根据规范要求，拟建场地属中等复杂场地，布孔间距为15～30m，实际勘察时钻孔间距为20～27m，虽然满足规范要求。但在钻探施工过程中钻孔位置处未遇到原先该场地建构筑物遗留地基。

（3）拟建场地现状为平坦地面停车场，地面水泥硬化，周边临近居民小区及地铁站，钻探过程中填土最深达3.30m，场地环境应该经历了较大变化，缺乏应有的预判。

本工程在资料搜集、现场踏勘、外业钻探、资料整理中的工作不够深入细致，导致未能查明既有地基问题的发生。

3　社会影响

虽然钻孔资料与实际开挖情况相符，但未钻探到既有地基造成业主方对我院外业钻探施工质量产生怀疑，一定程度上影响了我院在业主心中的形象。

4　经验总结

（1）项目工程师在资料搜集中未能全面查明场地的历史沿革，钻孔位置恰巧未遇到既有地基，导致本次事故发生的主要原因。

（2）项目工程师在现场踏勘、外业钻探、资料编写中缺乏相应经验，未能够预见该场地可能存在的异常。

5　应对措施

（1）加强对场地及其附近资料的收集，对场地的地质变迁、历史沿革进行系统调查。

（2）在现场踏勘、外业钻探时注意有无异常，加强对填土成分的观察，推测可能存在情况。

（3）对城区可能异常平整场地，适度加密钻孔，增加发现异常机会。

（4）加强外业施工人员与项目技术人员培训教育，对勘察可能存在的异常增强预见性，报告编写时对处于城区且杂填土异常场地增加相关提示。

第二部分　外 业 实 施

案例 2：木孙路某桥梁勘察外业岩石取样不足

1　案例描述

2014 年 3 月底至 4 月初的木孙路道路工程某桥工点勘察时，根据纲要要求，钻孔深度应进入中风化基岩 5 ~ 10m，在中风化层采取岩样 10 组。但是外业仅采取到岩石样 4 组，未满足纲要要求。

2　案例分析

木孙路道路工程某桥工点勘察时揭露岩石地层，基岩裂隙较发育，裂隙胶结较差，钻机采取岩芯碎块状，不满足取样要求。另外，外业队伍为分包钻机，钻进质量及工艺不能达到取样要求也是原因之一。

3　应对措施

（1）工程主持人应加强责任心，多去现场，以控制外业质量。

（2）工程主持人应加强专业知识学习及业务能力，以在遇到情况时能及时处理（变更纲要）。本次勘察及时增加了动探，并加深了波速测试深度来弥补取样不足。

（3）应对分包钻机有一定的了解，尤其可能遇到基岩时，更应该关注分包钻机质量。

案例3：昌平线某区间钻探地下管线破坏事故

1　案例描述

2011年8月26日，在地铁昌平线某区间详勘外业钻探至XC06#钻孔深度11m时，钻穿一条东西走向的30孔光缆管块（52cm×24cm），损坏8条缆线，造成移动、联通、歌华、长途等公司多条通信线路中断。

2　案例分析

XC06#钻孔位于西关环岛东北角匝道上，根据管线图该孔原孔位处无地下管线，经过现场核对，该孔现场测放位置无误。8月3日在对该孔进行管线探测时，由于原孔位于匝道右转弯的最内侧车道，可能为行车盲区且车流量很大，如在原孔位施工存在交通安全隐患，经过现场管理人员、项目负责人与管线探测负责人沟通，项目负责人同意在地下管线条件允许的情况下，可以将钻孔移至交通影响小，且具备施工场地的位置，管线探测人在经过探测后，将钻孔移位至匝道外侧直行与右转弯的缓冲带位置（原孔位西移8m、北移8m），钻孔恰好位于光缆正上方，造成本次事故的主要原因如下：

（1）管线探测单位在进行管线探测时，未认真核对管线图及周边地下管线检查井，只凭管线探测仪器盲目测放。

（2）钻探单位在没有经过老土确认的情况下，机械钻进，且未注意钻进过程中的异常情况。

（3）该孔位处立交桥匝道处，由于人为填筑造成该位置地面高于自然地面约5m，填土厚度较大且地下管线种类为光缆，管线仪器探测难度大。

（4）钻机在就位后，现场管理人员、项目负责人未根据管线图对钻孔进行再次核对。

3　社会影响

造成多个公司通信异常或中断，造成勘察单位直接经济损失10万余元。

4　经验总结

（1）管线探测人员责任心不强，管线探测时未按操作流程进行。

（2）现场管理人员、项目负责人安全意识不强，钻孔移位较随意，移位后也未核对相关图纸，过于相信管线探测结果。

（3）钻探机组未按钻探流程操作，在未经现场管理人员老土确认的情况下盲目机械钻进。

5　应对措施

（1）加强现场管理人员的技术和安全培训，提高管理技术水平，增强安全风险意识。

（2）各个施工环节严格按照既定操作流程进行。

（3）补充完善施工操作流程，增加了钻机就位后由项目负责人再次确认孔位处管线情况的环节。

案例4：某地铁线勘察自来水管线事故

1 案例描述

2011年8月3日0:10在某地铁线钻探施工现场施工时，发生自来水管线泄漏事件。事故发生第一时间，钻机机组人员上报了现场管理人员、项目管理人员及公司领导。项目管理人员及公司领导立即赶赴现场，并通知机组人员做好现场保护工作，防止事故进一步扩大，立即掩埋钻孔，用木桩将钻孔立即封死，同时，设置导流，隔离设施，防止流水喷溅影响路人，造成社会影响等措施。并通知自来水公司进行抢修，自来水公司管线抢修人员于1:25到达现场。抢修部门于2:00到现场进行抢修，由于是夜间，可以关水处理，所以将损失大大减小。经过近5个小时抢修终于在8月3日早上6:35恢复供水，没有造成较大的影响，对市民的用水也未造成较大影响。

事故处理完成后，勘察单位积极配合组织人员配合自来水公司对路面进行恢复，并组织人员对交通实施疏导，在早高峰来临之前完成全部抢修工作。

2 案例分析

（1）本次事故起因是钻机施工时，在原有孔位内扩孔时疏忽大意造成。案发之前，勘察单位针对路面施工安全难度较大问题，专门召开了安全专题会，设置安全专门方案。经讨论研究决定，在拟建地铁钻探施工沿线实习由经验丰富的老机长+安全员组成专业开孔队，预先开孔至老土，专人专盯，将风险降低到最低，提高效率。

（2）事故发生时，钻机采用ϕ146mm加肋钻头（系自己加工），勘察单位开孔钻头为ϕ146mm标准钻头，由于项目技术人员及现场管理人员未对钻孔钻探的大小作出规定，导致无人监督扩孔问题，致使最后扩孔过程中侧向磨破自来水管线。

（3）本次事故是在二次扩孔时发生，项目部制订由专业队伍开孔，开孔时虽然认真负责，但预估不足，整个开孔方案不够详细，开孔后管理不到位，由于地铁勘察位于城区繁华路段，而二次开孔是预先开孔，但当晚未必能够进行钻探施工；钻孔经过一段时间后，受地面汽车振动等影响会发生钻孔坍塌等问题，二次开孔时，由于已经开过孔，往往警惕性不高，从而导致事故发生。

3 社会影响

（1）案发时正处于夜间，人流、车流稀少，没有对行人及车辆通行造成影响。

（2）项目管理人员及公司相关领导在接到事故报警之后第一时间赶赴现场按照公司相关应急预案进行处理，设置导流、围挡、围堰等措施，没有将事态扩散。

（3）本次事故发生后，第一时间同时联系了自来水施工中心及自来水公司施工抢修部门，而不是由上自下，由自来水公司事故中心再向下通知，事故处理人员能够及时赶赴现场处理，同时走事故处理流程。大大节约了抢修时间，从而降低了社会影响。

（4）本次施工发生时，及时隔离社会人员，整个事故处理过程按普通管线泄漏事故处理，未引起记者及社会人员的关注，没有造成负面新闻影响。

4 经验总结

本次事故暴露了该项目管理方面的一些问题，对公司及个人都造成了较大的经济损失。问题主要存在以下几个方面：

（1）公司安全管理规定不够完善，本次项目中存在的问题属于偶发事件，但是事先由于经验不足，没有预测到可能发生类似问题。

（2）项目管理人员对安全风险点管控不到位，即在扩孔作业时未安排人员进行安全监控。

（3）对钻探施工的管理过于粗放，目前还是靠项目管理人员自身素质，由于项目管理人员自身素质相差较大，对于有多年工作经验，且细心负责的项目管理人员，该类施工可大大地减少，甚至不发生类似事故，但对于经验不足的管理人员很容易造成类似事故。

（4）公司的奖惩制度偏向于消极的惩罚制度，导致项目成员积极性较差，尤其是事故处理结果仅对相关责任人及组织的惩罚措施，而对该事故处理过程中的亮点没有进行总结、表扬。没有针对在施工处理过程中表现优异的人员进行奖励，一味地惩罚或许可以降低施工发生概率，但也降低了员工的积极性。

5　应对措施

（1）制订详细的外业施工操作流程、安全质量管理规章制度，目前钻机的安全、技术、质量交底多由项目工程师根据各个工程制订。项目工程师往往对技术方面了解较深，但对钻探施工流程、施工设备了解较少。制订相应的规章制度难免东抄西挪，看似针对性较强，但往往不切合实际，或存在概念不清等问题。且由于目前的技术人员无现场钻机工作经验，对钻机操作细节、安全要点、设备的各项技术参数了解不深。

建议将钻机操作与技术要求、安全管理分开，分属不同专业去做，制订详尽的《钻探作业指导细则》，项目管理人员根据各自工程特点进行补充；补充内容作为细则的一个附件，不单独提供。

（2）针对《钻探作业指导细则》定期进行培训（类似施工单位的夜校），培训期间要做到严格考核，考核结果计入年度考核，应在工资（奖金）内体现；每次工地交底只针对场地特殊要求交底，既可以面面俱到，又有针对性。

（3）制订应急预案，并设置应急备用金，成立安全巡视小组，小组人员由院主管领导挂帅，多部门直接互相监督管理，同时人员定期调整，防止发生徇私舞弊现象。

（4）制订详尽的奖惩制度，对于施工案发过程中责任人明察秋毫，对于有问题人员应按规定进行处罚，对事故处理应对合理、表现突出的人员要按规定进行奖励。

（5）加大对项目的人员、培训投入，做到“专人、专事”，尽量取缔兼职人员从业，做到专职人员责任明确，业务专精。

运用现代科技手段，加强科学管理，建立“生产管理信息监控和调度系统”，以科技创新来提升管理水平，以高水平管理降低事故发生概率。

第三部分 资料整理与成果编制

案例5：某车辆段换填量变更过大问题

1 案例描述

勘察单位于2009年6月提交了《北京地铁某线一期工程某车辆段（建筑物部分）》，该车辆段于2010年陆续进行了基槽开挖及验槽工作。

在对车辆段的综合维修楼、轨道车库、污水处理、联合检修库、牵引降变电所、运用库、综合楼等建筑物基槽开挖时，发现基坑内普遍存在大面积软土，在内燃车库基槽内发现垃圾坑（长宽35m×7m），上述八个单体建筑物的地基土均进行了整体换填，换填厚度为0.3～3.8m。

2 案例分析

（1）由于本工程工期紧张，工作量大，按照业主要求要在一个月的时间完成该车辆段280个钻孔的协调、约5000延米的钻探、约600件土样的试验及文本报告的编制工作，专业院对80%的钻孔进行了分包钻探；内燃机车库基坑长宽60m×12m，勘察时钻孔间距20m，沿建筑物边线布置，基坑开挖中遇到的垃圾坑约占基坑面积的一多半，但钻探记录中没有体现，钻孔测放偏差还是钻探质量问题，无从查证。

（2）本工程场区面积大，钻孔数量多，且短时间内集中施工，外业施工阶段仅有一名外业管理人员，负责钻孔的指认及开终孔验收，钻探施工基本处于失控状态；本工程项目负责人在外业施工阶段未能全程跟踪，对场地土的状况不了解，对后期过程资料的整理未能准确地把控。

（3）本工程勘察报告的编写人为后期指定，前期及外业施工阶段未参与，对场地条件不了解，项目负责人亦未进行有效交接。在整理勘察资料过程中，编写人依据土工试验结果判定该场地内局部存在软弱土层，在剖面分层时按透镜体分布处理，未能按实际情况划分出连续的、厚层的软弱土层；地基方案建议中仅提到“遇到该层软弱土时根据现场验槽洽商处理”，强调程度不够，未能引起设计注意，导致单体建筑的基础均坐落于该软弱土层上。

（4）在本工程基坑开挖验槽阶段，除报告编写人，还有多名不熟悉本项目的工程师参与了验槽工作；本工程的验槽记录单填写过于简单，仅记录了换填厚度及换填材料，未明确具体的换填范围，最终的正式验槽记录单却均为整体换填。由于验槽过程未按规范要求的甲方、设计、监理、勘察、施工五方参与，验槽结束后统一补充的签字，导致后期无法追溯。

本工程勘察在项目管理、外业钻探、资料整理及验槽阶段均存在漏洞，导致本次事故的发生。

3 社会影响

大面积的换填导致甲方增加了大量的工程造价，造成甲方对勘察单位产生信任危机，并对勘察单位进行了经济处罚；影响了勘察单位在业界的形象和名誉，同时也造成了直接的经济损失。

4 经验总结

（1）项目负责人的责任意识不强，未合理安排项目部人员，本工程外业钻探分包，在实施阶段未加强监管，未能准确掌握场地内的土质情况，导致勘察报告未能准确反映勘察场地的真实情况，造成基础施工阶段大面积换填，是本次事故的主要原因。

（2）人员缺乏风险意识。基坑验槽未按规定程序履行，当地基土存在异常需处理时，未与本单位相关技术领导和设计人员沟通，潦草处理，且未及时、有效地填写验槽记录单，导致工程结束后无法追溯。

（3）项目部管理存在问题，项目部人员不固定，分工不明确，工作交接不全面，在外业施工、报告编写、施工配合各阶段人员均不固定，几经调换，参与工程人员对工程不了解，缺乏有效沟通；项目部成员之间及内外部的沟通不及时，导致没有及时发现、总结、解决施工及后期配合阶段存在的问题。

5　应对措施

（1）加强项目部管理，定期开项目部会议，组内成员面对面沟通，及时解决目前存在的问题；人员变换时确保资料交接的全面性、准确性和有效性。

（2）项目部成员要固定，提前指定工程负责人，确保项目工程师能亲自到施工现场，对工程的环境条件、土质状况、地下水等情况有准确的把握；对于初次承担大型工程的年轻项目工程师，项目负责人或技术负责人应多去现场检查指导工作，及时发现关键或重点技术问题，以提醒项目工程师在编制报告时做出准确论述，做到有的放矢，以加强报告编写的针对性。

（3）对钻孔测放工具加以改进。本工程钻孔测放采用手持 GPS，不排除孔位偏差造成钻探资料不准确的可能性，目前钻孔测放可采用 RTK 设备，测放精度满足勘察需求。

（4）加强外业施工监管。外业管理人员与项目组技术人员同时到场，安全质量一起抓，项目部人员紧张时可以要求机组摆岩芯，以方便查验。

（5）实行分包单位质量连带责任制。勘察结束后预留一定比例的分包款，待工程结束或本单位工程款结清后再给予清算，以敦促其提高责任意识。

（6）加强分包单位的管理培训工作。选取一定数量的口碑好、管理严、质量硬的分包单位作为合格供方，进行统一管理，签订年度安全协议，定期进行技术培训；在年度考核中采取淘汰制，对于出现重大事故的分包单位应清理出合格供方的队伍，对于一般事故单位可采取奖罚制度。

（7）加强验槽培训，秉承谁的工程谁负责的原则。验槽等后期配合事务尽量派了解工程情况的人员，验槽前熟悉工程及场地概况，现场核对基坑位置、工程概况等是否与勘察时一致，遇异常情况及时与技术领导沟通，拍照取证，并要求甲方、设计、监理共同参与验槽工作，讨论处理措施，验槽记录单上须明确处理部位、范围、深度、材料、方法及预期效果等，五方责任主体现场签字确认；对于不能当场决定的，可以提请二次验槽，并邀请技术负责人参与，不擅自作决定。

（8）加强风险和自我保护意识，在勘察交底时内容尽量详细，对可能存在的问题与设计沟通，建议其提前采取预防措施；在对外场合如开会、验槽等，没有十足把握的事情不签字或请示后签字，不随意作决定。

（9）对项目工程师加强技术培训。此类问题易发生在多条地铁线路的车辆段、停车场等工程，因此对于这类工程的侧重点在于浅部土层的承载力和均匀性，编制勘察方案时应有所侧重，可将原位测试与土工试验相结合，分层时尽量细化，加强类似工程的报告编写培训。

案例6：某地铁线粉质黏土中存在地下水的问题

1　案例描述

位于某地地铁区间地质情况为山前坡麓与冲洪积平原过渡区，暗挖隧道底部、掌子面、隧道顶主要位于粉质黏土⑥层、粉土⑥2层及粉质黏土⑧层中（见图1）。根据勘察报告，粉土⑥2层为含水层，粉质黏土层为隔水层且渗透系数较小。

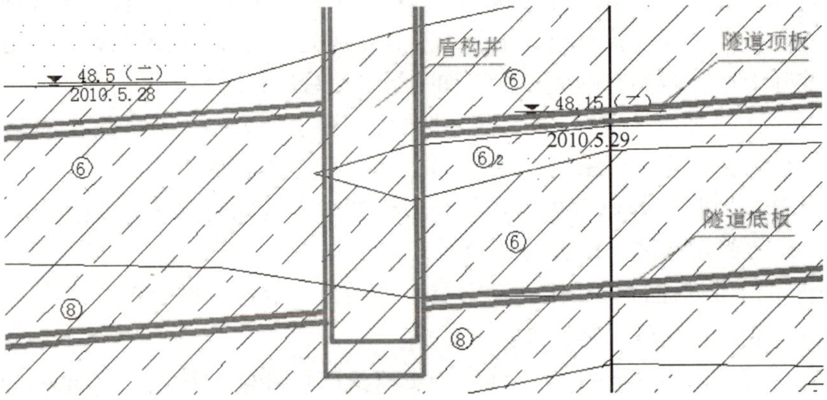

图1　区间隧道典型地质剖面图

为保证暗挖施工顺利，设计了管井降水，井间距7～8m，井深26m，井底位于结构底板下4m。降水过程发现，井内水很容易就抽空，停抽后井内水位又很快恢复如前。开挖过程中发现隧道中的粉质黏土⑥层、粉质黏土⑧层有地下水渗出且水量较大，位置分别处于隧道仰拱部位，给施工造成较大影响。

2　案例分析

现场实际调查发现粉质黏土⑥层、粉质黏土⑧层中局部夹有粉土薄层，周围粉质黏土隔水作用削减了排除粉土透镜体内地下水的效果。隧道开挖时，滞留在粉土薄层透镜体中的部分地下水渗出。

且粉质黏土层竖向孔洞及裂隙发育（见图2），竖向渗透性较好，实测竖向渗透系数达1.01m/d；水平孔洞及裂隙较少，水平渗透系数较低，渗透系数在0.04m/d左右。水平、竖向渗透系数相差25倍以上，造成对管井降水效果不佳。

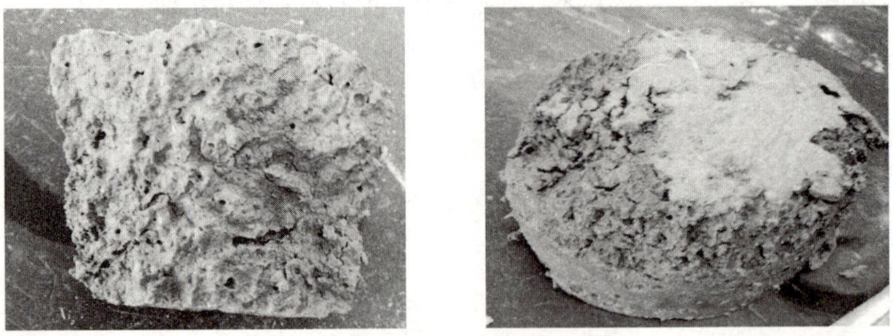

图2　虫孔、裂隙发育的粉质黏土

3　社会影响

考虑到该区间实际工程地质、水文地质条件的复杂性，为确保施工质量，采取了如下措施：

（1）加密井间距到3～5m，并增加管井深度。

（2）增加上坡向开挖方式的隧道长度，以减少带水作业。

（3）采用地面管井降水和隧道明排相结合方式，在开挖隧道仰拱部位时随开挖随设置排水盲沟，掌子面后面适当部位设置集水坑排水。

4　经验总结

（1）勘察过程中没有查清楚粉质黏土⑥层、粉质黏土⑧层含水情况。从初步勘察、详细勘察报告看，粉质黏土⑥层、粉质黏土⑧层均为隔水层且不含水。但在实际开挖过程中发现粉质黏土⑥层、粉质黏土⑧层均含水且水量较大。

（2）勘察过程中没有查清楚粉质黏土⑥层、粉质黏土⑧层渗透性。在初步勘察、详细勘察报告中给定的渗透系数偏小，为0.01～0.10m/d；而施工过程中通过现场试验及室内试验实测得粉质黏土层渗透系数为1.01m/d。因此仅靠管井降水，不能达到无水施工要求。

（3）项目部在质量管理上也存在一定问题，没有对现场地质条件进行具体分析，还一贯认为粉质黏土层均为隔水层且渗透系数小。导致实际开挖过程中因粉质黏土层含水且水量较大而影响施工工期及经济投入。

5　应对措施

（1）加强项目工程师及外业人员的技术培训，提高勘察质量水平。

（2）加强项目部质量管理，质量管理人员需加强对现场钻探质量控制，做到具体问题具体分析。

案例7：某地铁线出入段线附近基岩层起伏问题

1 案例描述

位于某地地铁区间地质情况为山前坡麓与冲洪积平原过渡区，根据详勘资料显示，区间隧道范围内没有基岩出露（见图3）。设计单位根据详勘地质情况，拟采用盾构法施工。

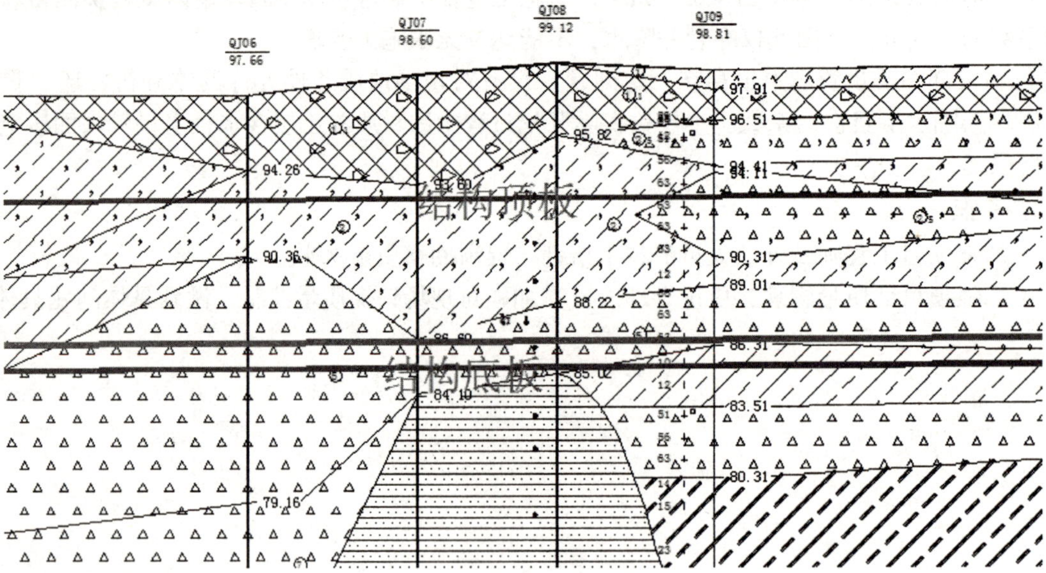

图3 区间隧道典型地质剖面图

根据施工单位现场施工情况，在区间隧道范围内存在中风化岩，基岩平均饱和单轴抗压强度大于60MPa，为坚硬岩，盾构机无法钻进，施工难度大。

2 案例分析

在勘察过程中，由于受现场钻探条件的影响，勘察钻孔实际位置偏离线路较大，最大达30m。导致地层情况与线路地层情况差别较大，且项目部尚未采取其他有效措施，查清线路范围地层情况。

3 社会影响

由于盾构掘进困难，导致项目工期延误，并造成项目成本增加。勘察单位负有不可推卸的责任。

4 经验总结

（1）勘察过程中移孔较大，且未及时与设计单位沟通，导致设计单位对勘察报告使用有误。

（2）没有采取其他措施查明基岩情况。

（3）项目部在质量管理上也存在一定问题，没有对现场地质条件进行具体分析。

5 应对措施

（1）加强项目工程师及外业人员的技术培训，提高勘察质量水平。

（2）加强项目部质量管理，质量管理人员需加强对现场钻探质量控制，应根据现场地形地貌情况，采取有效的勘察手段。

案例8：福州基岩强度问题

1　案例描述

福州某地铁线工程某站区间设计根据勘察单位的详勘报告选择了盾构法施工，在施工单位进场后，设计又根据补勘报告，改为矿山法施工。设计返工、工期延误都造成了极大的工程损失。

2　案例分析

福州某地铁线工程某站区间隧道穿越的地层较长区段为中、微风化花岗岩和花岗斑岩，详勘试验成果报告中岩石的单轴抗压强度均小于80MPa，因此设计选择了盾构法施工。后在补勘过程中几个钻孔的岩石单轴抗压强度都大于80MPa，最大强度达224MPa，设计不得不改为矿山法施工。

原因分析：由于场地施工条件较差，勘察单位的详勘钻孔布置在线路外侧，钻孔距隧道结构的投影距离为24~93m，且钻孔部分未施工，加上场地岩层复杂多变，详勘中未触及高强度的岩石；该区间隧道穿越岩石层长度约1100m，详勘时仅从5个钻孔中采取岩样做了抗压强度试验，是未查出高强度岩石的主要原因；福州岩层的岩面起伏很大，同标高的岩石强度变化悬殊，勘察单位已在相邻车站发现了高强度的岩石，但未引起足够的重视。

3　社会影响

由于工法的改变，设计需重新出图，施工单位由盾构施工改为暗挖施工，造成该区间的施工工期严重滞后，并造成了大量人力、物力、财力的浪费。

4　经验总结

（1）勘察单位经验不足，地铁勘察不同于房建、市政勘察，尤其是区间隧道，地层过软或过硬，都会对设计方案、施工工法有很大的影响。

（2）勘察单位对当地地层的特性认识不够深刻，在工作中没有从全局考虑。

（3）勘察单位责任心不强，钻孔移位过大，且部分钻孔未施工，各级审查均没有引起足够的重视。

（4）设计单位也存在着疏忽，在使用勘察报告时，没有对未施工钻孔提出异议，应要求补勘后再进行区间设计。

5　应对措施

（1）加强对勘察技术人员的培训，提高其工作能力。

（2）地铁勘察是一个系统工程，虽可由多个人完成，但应有总体负责人，全面把控。

（3）勘察过程中，钻孔移位距离应有限制，不能过大。

（4）对于不能施工的钻孔，应视其数量以及对工程的影响程度，详加分析，并提醒设计注意。

案例9：同一场地抗浮设防水位前后不一致问题

1 案例描述

某勘察单位承接了昌平区某住宅及配套设施项目二期项目，由于项目工期比较短，外业钻探集中完成，有两位工程主持人同时分地块编写勘察报告，于2009年10月26日同时提交了《昌平区某住宅及配套设施项目二期（03、04、05、07、10和G-04)》和《昌平区某住宅及配套设施项目二期09地块》两份详细勘察报告。由于时间比较仓促，两人在抗浮设防水位的参数上相差2m。

后来，方案变更，10地块和7地块又进行了补充勘察，根据现场所测水位情况，抗浮设防水位的参数只能按照较高值提供。补充勘察后，就抗浮设防水位，工程主持人也和业主、设计进行了说明。最终业主还是组织召开讨论会，召集勘察、设计单位共同讨论了同一个地块的抗浮设防水位的不一致的问题及处理方案。

2 案例分析

出现同一个地块抗浮设防水位不一致的原因主要是目前行业内对抗浮水位的未设定统一标准，导致不同的工程主持人对抗浮水位存在不同的理解，并且两位工程主持人在出具报告时没有沟通，各级审核、审定人在审核过程中疏忽，未对同一区域的。补充勘察时为另一位工程主持人，已经发现该问题，但根据所测水位情况，只能以较高水位作为抗浮设防水位。

3 社会影响

造成业主、设计对勘察单位所出具的资料数据的可靠性、有效性和严谨性产生不利影响。

4 经验总结

（1）工程主持人在编制勘察报告时，充分收集勘察场地周边资料，特别是同一小区资料，各种参数尽量要前后一致，不要出现前后矛盾。

（2）审核、审定人员在审核过程中应具有全局意识，对于关键参数需要严格把关，统筹规划，对于工程主持人多加提醒。

5 应对措施

（1）工程主持人在工作时要认真负责，全盘考虑，尤其是在地铁的相邻工点和大规模房建小区。

（2）审核、审定人员在审核报告时对关键参数需要严格把关。

案例10：房山某房建项目问题

1 案例描述

某勘察单位承担的房山区某居住项目分为0053、0061、0062三个地块，其中2011年2月提交了0062地块的正式报告，于2011年10月提交了0053地块的正式报告，在两次勘察过程中，发现浅层的黏质粉土层的压缩模量和原位测试数据对应性较差，给对该层土的岩土工程评价带来很大困难，对此情况，我们将从各个角度展开分析。

2 工程概况

（1）场地位置。

房山区某居住项目0053地块及0062地块位于北京市房山区，场地东侧为已建成大窦路。拟建场地位置参见图4。

图4 拟建场地地理位置示意图

（2）工程地质条件。

拟建场地属于一级接地（见图5），拟建场地位于永定河冲洪积扇西侧，通过调阅勘察单位所掌握的本场地附近的地层资料，拟建场区第四纪覆盖层厚度>50m，地面以下至基岩顶板之间的沉积土层以黏性土、粉土与砂卵石交互沉积层为主。

（3）场地地形地貌。

拟建场地现为空地，地势起伏较大，地势整体东高西低，北部和南部各存在一个深坑，北侧深坑面积较大，最深处约8.1m，坑内无积水，南部深坑局部位于本次勘察范围内，最深处约5m，且坑内长期积水，积水深约1m。本次勘察期间钻孔孔口处地面标高为30.68～39.00m。场地概况见图6。

（4）场地工程地质条件。

本次勘察揭露地层最大深度为25m，根据钻探资料及室内土工试验结果，按地层沉积年代、成因类型，将本工程场地勘探范围内的土层划分为人工堆积层（Q^{ml}）、新近沉积层（$Q^{2+3al+pl}$）、第四纪全新世冲洪积层（Q_4^{1al+pl}）、第四纪晚更新世冲洪积层（Q_3^{al+pl}）四大类。

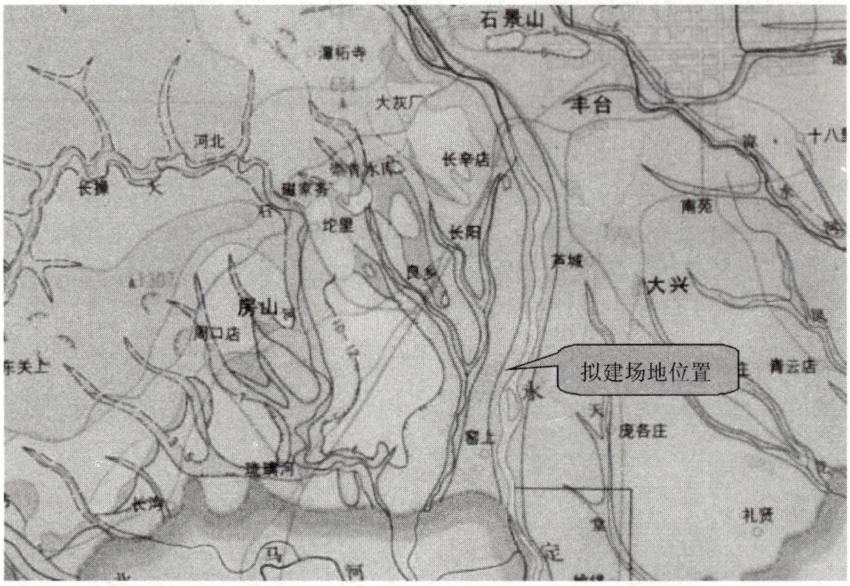

图 5　北京市地貌图

（a）北部的深坑深度较深，面积较大

（b）南部深坑长期积水

（c）北部的深坑东侧已被回填

（d）拟建场地整体东高西低

图 6　拟建场地地形地貌

3　案例分析

根据勘察揭露，拟建场地浅部分布的粉质黏土工程性质差异较大，因此将浅层的黏质粉土分为黏质粉土②层和黏质粉土②1 层两层。经过统计之后，如表 1 所示。

由此表可见，该两层土除了压缩模量外，其他指标无太大区别，尤其是原位测试指标无大差别。压缩模量和原位测试指标，都是评价地层地基承载力特征值的重要参照指标。压缩模量和原位测试的不匹配，给本次勘察的岩土工程评价带来了很大难度。

表 1　土工数据一览表

岩土层编号	野外描述						土质数据											压缩模量 E_s（MPa）（60 分钟快法）压力段（kPa）				回弹再压缩模量 E_c（MPa）	天然快剪		轻型动力触探试验 N_{10}	标准贯入试验 N	重型动力触探试验 N_{05}	波速 V_s（m/s）	渗透系数（m/d）	土体与锚固体极限摩阻力标准值（kPa）	土钉锚固体与土体极限摩阻力标准值（kPa）	桩的极限侧阻力标准值（kPa）	桩的极限端阻力标准值（kPa）	地基承载力标准值（kPa）
	岩土名称	色味	密实度	湿度	断面状态及可塑性	含有物	综合统计指标	含水量 ω（%）	比重 G_s	密度 ρ（g/cm^3）	干密度 ρ_d（g/cm^3）	饱和度 S_r（%）	孔隙比 e	液限 ω_L（%）	塑限 ω_P（%）	塑性指数 I_P	液性指数 I_L	P_0~P_0+100	P_0~P_0+200	P_0~P_0+300	P_0~P_0+400		粘聚力 C（kPa）	内摩擦角 ϕ（°）										
							平均值	18.8	2.70	1.88	1.58	71.3	0.713	26.0	17.7	8.3	0.19	7.5	8.6	9.6	10.6	(15)	17	24	50			195.1						
							最小值	12.8	2.69	1.75	1.46	52.4	0.589	23.8	15.8	7.2	0.00	4.8	6.2	7.3	8.0		15	21	23	11		175.7						
②	黏质粉土	褐黄色	密实~中密	稍湿~湿		含云母、氧化铁、少量姜石	最大值	25.7	2.70	2.00	1.72	85.1	0.855	29.6	22.0	10.0	0.68	9.5	10.8	12.3	13.5		18	26	90	12		220.4	(0.5)	45	43	40		150
							子样数	26	26	23	23	23	22	26	26	26	26	18	18	18	18		7	7	47	2		7						
							变异系数						0.09					0.17	0.15	0.15	0.15		0.09	0.07										
							平均值	21.3	2.70	1.90	1.57	80.0	0.719	26.5	18.0	8.5	0.40	4.7	5.8	6.9	7.9	(9.0)	18	24	32	10		185.2						
							最小值	12.9	2.69	1.69	1.48	43.5	0.611	23.5	15.6	7.3	0.00	2.9	3.8	4.6	5.4		15	22	16	9		164.5						
$②_1$	黏质粉土	褐黄色	密实~中密	湿~稍湿		含云母、氧化铁、少量姜石	最大值	28.1	2.70	1.98	1.67	92.6	0.817	30.6	21.3	10.0	0.75	6.5	8.1	9.4	10.3		20	26	45	12		202.7	(0.5)	40	35	35		120
							子样数	40	40	32	32	32	32	40	40	40	40	32	32	32	32		9	9	64	11		5						
							变异系数						0.07					0.23	0.21	0.20	0.19		0.10	0.05	0.18	0.08								

为此，勘察单位开展了几次专家讨论会，针对各种疑问，最终决定进行一次现场对比勘察：回到现场，在存在黏质粉土②1 层的压缩模量较低的钻孔（30#，2011 年 10 月 2 日钻探）旁重新钻 3 个钻孔，第一个钻孔（Y1#）每隔 0.5m 进行一次标准贯入，第二个钻孔（Y2#）和第三个钻孔（Y3#）每隔 0.5m 取原状土，分别送至本院和中航勘察设计研究院的土工实验室做物理试验和压缩试验，从而达到对比的目的。

对比试验结果如下：

表 2　原位测试数据

钻孔编号	标贯深度（m）	标贯数
Y1#	1.00	8
Y1#	1.50	9
30#	1.30	9
Y1#	2.00	11
Y1#	2.55	8
Y1#	3.05	11
30#	2.95	11
Y1#	3.55	6
Y1#	4.05	9
Y1#	4.55	7

表 3　土试成果

钻孔编号	取土深度（m）	孔隙比	塑性指数	液性指数	压缩模量		剪切试验	
					$P_0 \sim P_0+100$	$P_0 \sim P_0+200$	凝聚力	摩擦角
30#	1.00	0.725	8.6	0.43	3.1	3.9		
Y2#	1.00	0.811	10.2	0.31	8.3	10.0	32.0	24.0
Y3#	1.00	0.734	10.3	0.45	5.56	6.90	32.9	26.7
Y2#	1.50	0.762	10.8	0.36	4.9	6.3	33.0	21.7
Y3#	1.50	0.717	10.7	0.44	5.32	6.55	31.5	25.7
Y2#	2.00	0.756	7.5	0.21	8.4	9.8	19.8	24.7
Y3#	2.00	0.763	9.0	-0.07	8.34	10.31	20.4	32.3
30#	2.50	0.688	9.0	0.43	4.3	5.5	19.4	23.8
Y2#	2.50	0.698	7.9	0.38	5.3	6.7	23.1	24.1
Y3#	2.50	0.724	8.7	0.01	3.42	4.62	21.0	31.3
Y2#	3.00	0.725	8.6	0.28	6.6	7.4	24.8	23.6
Y3#	3.00	0.816	8.1	0.19	4.83	5.76	17.5	31.2
Y2#	3.50	0.763	8.7	0.33	5.2	6.4	18.8	23.8
Y3#	3.60	0.842	10.4	0.44	4.89	5.84	25.1	25.4
30#	4.00	0.778	9.3	0.52	4.8	6.1	19.8	23.4
Y2#	4.30	0.850	9.3	0.54	4.5	5.7	22.3	20.6
Y3#	4.20	0.773	10.2	0.44	5.99	6.68	30.2	22.9

从对比试验的结果可以看出，0053 地块几次的原位测试、土工试验结果差别不太大，属于工作误差范围之内，说明 0053 地块的勘察报告能够反映该场地的实际情况。所以针对场地浅层黏质粉土性质变化较大的原因，有以下几点：

（1）经过现场勘察，浅部的黏质粉土颜色为黄褐色，颜色暗淡，含有次生姜石，从标贯器中的土样可看出该层固结较差，性质很差，具有典型的新近沉积土层的特征，新近沉积土具备土质不均匀，力学性质变化较大的特点。

（2）该项目工作量大，约 200 个钻孔，且工期非常紧张，而且外业施工处于十一七天假之间，外业队伍多，其中 DPP-100 型、XY-100 型、SH-30 型钻孔都有，每种钻机取土方式、运送土样的方式、标准贯入的器具各不相同，所以其中会存在很多的由于不同设备导致的误差。

（3）本场地浅层土层力学性质很不均匀，勘察中标贯的间距为 1.5m，此间距很难发现其中的软弱薄夹层，当标贯过程贯穿软硬交界的地方时，标贯数据无法反映出真实的地层情况。针对该类拟建筑物的勘察应该选用轻型动力触探作为评价标准。轻型动力触探的特点是连续贯入，但是贯入深度有一定限制，故非常适合评价浅部土层的工程性质。

4 社会影响

本次原位测试和压缩模量的不对应的问题直至三审环节才被发现，造成勘察施工的二次进场，浪费了成本也耽误了勘察工期。

5 经验总结及应对措施

（1）对于此类大面积小区的勘察工程，在编制勘察方案时应当编制好勘察大纲，认真组织勘察队伍，在勘察之前就分配好每台钻机的钻孔，邻近的楼用同一种钻机勘察，减少由于不同设备导致的数据不同，达到数据统一的目的。

（2）工程主持人及外业负责人必须在现场，在勘察前做好开工培训，将地层的描述内容、典型地层的识别特征统一（颜色、含有物、土的性状等），确保每个机组的描述员都领会，在描述时能保证描述统一。

（3）对于基础底板位于浅层土层的勘察工程，浅层应当布置轻型动力触探，且穿透填土，主要的目的是评价浅层土层的工程性质。

（4）工程主持人和现场外业负责人要对勘察外业有极大的责任心，做到对地层心中有数，并且对各外业数据都起到监督作用，确保数据的真实性，此外，对外业的取土质量、封土质量都要保证，尽快送到土工试验室，且尽量减少土样扰动的可能。

第四部分　后 期 配 合

案例 11：地铁某线路总体投诉问题

1　案例描述

北京某地铁线路勘察合同段工程由某勘察单位承担，该标段已于 2012 年初完成了全部详细勘察工作，目前勘察单位工作主要为设计、施工配合（大部分车站主体及区间已完成封顶）。

2013 年 9 月 26 日总体召开全线勘察设计例会，项目负责人未能出席，9 月 29 日总体召开 7 号线双焦区间沉降问题分析会议，勘察单位当时委派技术人员参会并表示将积极安排勘察人员对沉降原因进行深入分析，会上要求 10 月 4 日再次召开紧急会议分析问题原因，而 10 月 4 日我院无人参会。

2013 年 10 月 21 日，北京地铁某线路工程设计总体总包组下发了“北京地铁某线路工程通报”，勘察单位在接到通报后，立即对通报中描述事故展开了调查，并形成了整改意见及处理措施。

2　案例分析

2013 年 9 月 26 日（周四）某线路设计总体总包组召开全线勘察设计例会，勘察单位项目负责人（2013 年 4 月开始接替原项目负责人工作）由于与其所负责其他项目验槽冲突，无法参会，后经勘察单位协调由其他人代为参会，项目负责人将不能参会及安排人代参会的情况与总体总包组进行了电话汇报。参加完例会后，代会人向项目负责人及勘察单位汇报称，例会上未提及与勘察相关事项，也没有记录总体总包组要求各勘察设计单位提交十一期间在京值班人员名单的事项，故勘察单位未提交值班名单。

2013 年 9 月 29 日（周日）某线路总体总包组召开某区间沉降分析会，项目负责人因请假离京，不能参会，勘察单位协调由副总工和质量部主管参会，会上勘察单位针对设计提出的区间沉降问题，从勘察角度分析提出了沉降原因，会上总体组也提出了初步计划在 10 月 4 日将再次召开分析会。考虑到沉降原因的复杂性，9 月 30 日，勘察单位将相关材料发给勘察单位总工（当时出差），征求了其意见，并与勘察单位副总意见进行了汇总。由于临近十一国庆节，当时勘察单位确定了几个参会人选。截至 10 月 3 日下午，勘察单位刘某先后电话询问黄某、谢某，两人均不在北京，最后电话联系周某，其在京，但称 10 月 4 日已有安排，勘察单位刘某要求其与总体总包组进行沟通，确定会议时间以及能否请假或者先行告知勘察单位意见，若实在不可以再电话沟通反馈，后刘某未接到反馈电话，最终造成 10 月 4 日勘察单位无人参会。

10 月 8 日，勘察单位接到 10 月 10 日再次召开某区间沉降分析会的通知，针对 9 月 29 日分析会上各方提出的问题，勘察单位于 10 月 9 日组织进行了内部讨论，统一了分析意见，10 月 10 日，由勘察单位总工参加了分析会，参会各方对于沉降原因基本达成了一直意见，使得问题基本得以解决。

2013 年 10 月 21 日，勘察单位在接到通报后的当天下午，勘察单位院长、总工抵达某线路总体组，向新任总体、执行总体进行了当面检讨，承认了配合工作中存在的问题与不足，并保证在以后的设计施工配合中不再出现类似问题，也得到了总体的谅解。

针对通报的存在的问题，勘察单位进行了认真的反思与分析总结，主要是由于目前勘察单位在手项目较多，涉及后续配合服务的项目多，经常会出现项目间例会、验槽等后续配合服务时间冲突，加之勘察单位缺乏统筹安排与管理，领导层对后续配合服务重视程度不够，造成部分项目例会缺席现象。

3　社会影响

本次事件恰逢总体院更换领导，造成勘察单位与总体院关系不融洽，给勘察单位造成不利影响。

4　经验总结

（1）项目工程师在本次事故中服务意识不强，对后期配合不够重视。

（2）处理问题方式不当，在自己无法参会的情况下，应及时向领导汇报，确保不会耽误服务配合。

（3）临时代表参加后期配合时应集中精神，及时记录，将配合中的各种情况反馈给项目负责人。

（4）勘察单位对人员安排也存在一定问题，后期配合、各种例会验槽繁多的情况下应提前统筹安排具体项目具体人员负责，并做好相关负责人员无法出席时的替补人员。

5　应对措施

10月21日下午，勘察单位组织召开了领导班子会，鉴于某线路出现的问题，再次梳理了目前勘察单位在手的重要项目，确定了项目负责人及执行负责人，明确了各项目的日常例会项目负责人可以指定执行负责人参会，重要的技术分析会、评审会项目负责人应参会，避免其他项目再出现类似事件。

鉴于以上情况，勘察单位于10月22日上午召开全体会，会上通报了某线路存在的问题，并对相关责任人进行了批评教育和处罚，院长强调了在手项目下一步工作中配合服务的重点。勘察单位也将根据目前存在的问题，加强项目负责人和执行负责人的培训和引导，提高配合服务意识，加强生产组织管理协调，避免再出现类似的问题。

案例12：某道路工程可挖性分级变更问题

1　案例描述

某道路工程位于北京市延庆县山区，线路全长约15km，线路沿线大多基岩直接出露或覆盖层很薄。勘察单位于2007年1月和2008年12月分两次完成了全线的详细勘察任务，并提交了勘察报告。

本项目在后期的施工过程中，施工单位提出共有19段，累计长度约为2500m的路堑段土、石放开挖方量与施工图存在较大不符，实际开挖石方量增加约90000m^3，需采用爆破施工，造成施工单位施工成本和工期大幅度增加。

2　案例分析

某道路工程位于延庆县，地处北京市北部山区，地貌上属剥蚀中低山区，海波在539.5～890.4m之间，线路沿线冲沟发育，地形高差变化较大，地形复杂，构造剥蚀作用强烈，基岩岩性以燕山晚期花岗岩为主。

本项目在野外钻探、挖探、工程地质调查与测绘、土工试验的基础上，经室内资料整理，提交了工程地质勘察报告，勘察报告中将线路表层的第四纪洪积层和坡积、残积层土石工程划为Ⅰ～Ⅱ级，强风化岩土石工程分级划为Ⅲ级、弱～微风化岩土石工程分级划为Ⅳ～Ⅴ级，报告中并未提及具体的土、石方比例。勘察报告中关于土石工程分级的划分是依据《公路工程地质勘察规范》（JTF 064—98，目前已更新为JTG C20—2011）、《工程岩体分级标准》（GB 50218—94）等规范，结合现场钻探揭露情况以及岩石的风化程度、单轴抗压强度、岩体完整程度、岩石等级等，经综合考虑后提供。

设计单位根据勘察单位提供的勘察资料以及相关规范，在施工图中计算土石方比例和土石方量，将勘察报告中第四纪洪积层和坡积、残积层土以及强风化岩层统一按土方考虑，弱－中风化岩按石方量考虑，因此上述19段路堑段的土、石比例为4.7∶5.3，土方量为93844.78m^3，石方量为102617.64m^3。

施工单位在施工过程中，提出上述19段在实际施工中土、石比例为1∶9，石方量增加近90000m^3，需要采取爆破施工，实际土、石方量与施工图中计算的土、石方量差异较大，向业主方提出了增加385万元施工费用的《工程变更报告单》。

经甲方代表、设计、勘察、监理、施工五方现场确认，五方一致认为上述19段施工揭露地层与勘察报告基本相符，多为厚层、大块状强风化基岩，定名及岩性划分与勘察报告基本一致，但采用人工开挖存在困难，大多需要采取爆破施工，施工单位提出的土、石方量情况基本属实，随后在甲方代表、施工单位的要求下，在《工程变更报告单》上进行了签字确认。

随后施工单位将五方签字确认的《工程变更报告单》上报给本项目投资方（业主方），投资方提出了强烈异议，认为勘察单位对如此重要的变更上签字太过随意，约谈了勘察单位主管领导，并要求勘察单位提交书面说明。

造成本次事故的主要原因如下：

（1）工程技术人员在后续配合阶段与设计、施工单位之间沟通协调不到位，在工程施工过程中出现异常情况未及时向业主方汇报。

（2）工程技术人员在遇到重大施工洽商单、设计变更单上签字过于随意，未能及时与相关领导、业主进行提前汇报沟通。

（3）未能及时进行设计、施工交底。

3　社会影响

给业主方造成新增加施工费用385万元；致使业主满意度降低，给勘察单位的声誉造成了不良影响。

4　经验总结

（1）后续配合服务意识不强，未意识到后续配合服务在整个项目实施过程中的重要性，勘察完成后未及时向设计、施工、监理进行技术交底，在工程施工出现异常情况时未能及时向业主汇报，与设计、施工之间沟通协调欠缺。

（2）处理问题措施不当，在遇重要设计变更、工程洽商未事先与业主汇报，盲目签字确认，未意识到签字的后果及存在风险，同时也给业主事后处理问题造成不必要的麻烦。

5　应对措施

（1）通过服务标准化学习培训，增强技术人员的后续配合服务意识培训。

（2）对于施工过程中，存在较大差异或争议时，在积极配合施工单位解决现场问题的同时，针对关键性问题应及时向业主单位汇报沟通。

（3）工程勘察完成后，应及时进行设计施工交底。

案例13：北京地铁某线某站坍塌事故

1　案例描述

2007年3月28日上午9点30分左右，某在建地铁车站东南出入口隧道断面转换作业面发生坍塌（见图7），塌方约$1m^3$，开口导洞西侧顶端上部初期支护开裂，裂缝在开口导洞的中间位置，宽约10mm，长约1.5m。施工单位项目负责人决定并指挥作业人员对拱顶进行加固，在进行抢险加固过程中，拱顶再次发生塌方，将6名作业人员埋压，造成三级重大安全事故。塌方面积为$20m^2$，深约11m。地面的一栋两层楼的一层会议室也塌了十多平方米，连建筑物内的一些设备和办公用具等都掉进坑中。

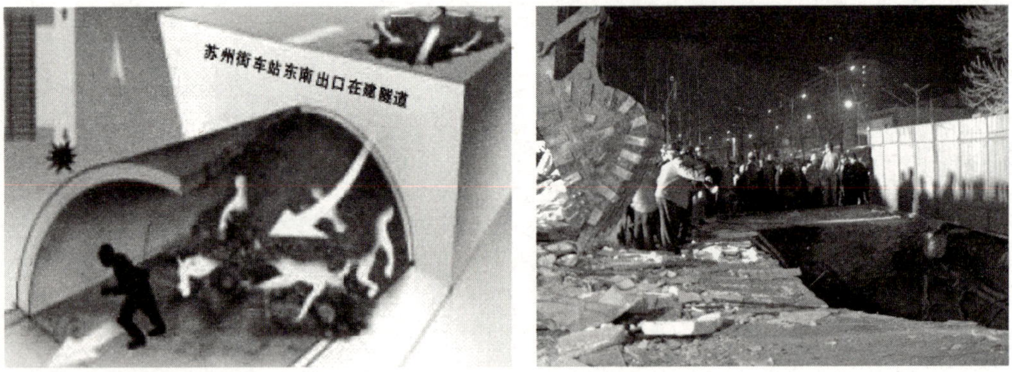

图7　车站塌陷示意及现场情况

2　案例分析

经调查分析事故原因主要有以下方面：

（1）勘察单位在勘察方案中对该出入口进行了布设钻孔，但由于勘察外业施工时该钻孔位置为未拆迁房屋，无进场施工条件，未能进行施工，勘察报告中指出应对该出入口进行补充勘察，然而房屋拆迁后未能及时进行补充勘察工作，导致该钻孔地质资料缺失，使得出入口该区域隧道设计及施工无勘察报告作为依据。

（2）施工单位进场前未提前通知勘察单位及时对该出入口进行补充勘察，亦未进行地质超前预报。

（3）在工程质量控制方面，隧道初支格栅拱钢筋要求的帮焊长度为22cm，但是一般只有5cm，甚至还有2cm，根本没有达到要求，在塌方范围内就有两根钢筋被撑断。

（4）施工单位险情应急处理意识不强，措施不力。在施工过程中由于对复杂的地质情况不清，当暗挖断面发生局部塌方和导洞拱部产生环向裂缝的险情时，未制定并采取保护抢险人员的安全技术措施，指挥作业人员实施抢险，发生二次塌方。

3　社会影响

事故发生后，施工单位及项目部有关负责人隐瞒事故情况，未按规定向政府有关部门报告，性质恶劣。错过最佳抢险时机，增救援难度，最终造成重大人员伤亡和经济损失。

这起事故反映出一些施工单位安全生产责任制不落实，安全生产规程、标准执行不严格，特别是抢险措施不当和有关管理人员法律意识淡薄。同时，也反映出地铁施工安全监管工作存在一些薄弱环节。

4　经验总结

（1）勘察单位应严格按照经过专家评审或业主认可的勘察施工方案进行勘察工作，对于当时不具备进场条件未能施工的钻孔，在具备进场条件时应及时进行补充勘察工作，对于地质条件复杂的地段应根据规范要求进行加密钻孔，详细查明施工区域的工程地质和水文地质条件。

（2）施工单位在施工前应制定严格的安全技术措施，严格作业规程，强化初期临时支护，重点抓好不良地质地段防坍塌、特殊地质地段防突水突泥沙，做好超前地质监测、预报等安全技术防范措施的落实，确保施工安全。

（3）针对地铁工程不同风险特点，完善安全生产应急预案体系，增强预案的针对性和可操作性。在发生险情时，要坚持科学抢险、安全施救的原则，在确保人员安全的情况下，制订详细抢险救援技术措施，精心地组织抢险救援。

5　应对措施

（1）建设单位应按照工程建设规律合理确定工程造价和工期，加强质量管理力度，充实管理力量，切实履行工程质量安全第一责任人的职责。

（2）建立健全施工单位对工程项目经理部的考核管理机制和监理单位对项目监理部的考核管理机制，让施工单位和监理单位真正承担企业质量管理责任。施工现场应建立健全质量保证体系，完善各项质量管理制度，落实各层次管理人员相应的责任，确保质量保证体系有效运行。

（3）实行风险源评估制度。梳理控制重大风险源的关键环节，提出有效的防范措施，形成重大风险源责任控制体系，确保工程质量安全责任层层落实到具体环节、具体岗位、具体人员。

（4）建立关键岗位人员教育培训制度。应对地铁工程建设关键岗位人员进行严格地专业技术培训及考核，持证上岗。

案例14：北京地铁某线某站基坑坍塌事故

1 案例描述

2005年11月30日下午，北京地铁某线某站安排正常施工：主体基坑南侧第五段正在进行地下一层柱混凝土浇筑及侧壁清理，第六段地下二层正在进行梁底支模等作业，第七段正在进行防水层施工，第八段正在出土。当时第八段基坑下部挖掘机正在进行土方开挖工作，基坑上面有两部吊车，一部正停在基坑南端进行吊土施工，另一部没有安排作业。吊车支腿距离基坑边缘约3m。由于北侧结构顶板回填需要部分土方，故在基坑东侧距离基坑14.7m以东，南侧12m以南设置堆土区域，堆土高度为3~5m。14:20左右，基坑南侧深度约8m处有水渗出。五分钟后，出现大量涌水，十分钟后，基坑南侧边上出现裂缝，现场值班人员发现此情况后，立即要求基坑内所有人员马上撤离。14:35左右基坑南侧中间部分突然坍塌，并迅速向两侧发展，造成斜向钢支撑体系脱落，引起两侧围护桩倒塌。倒塌现场在工地南侧，基坑深约20m，塌陷面积有500m^3（图8）。塌方导致基坑南侧的通信电缆和其他电缆裸露悬空。基坑东侧ϕ600自来水管断裂，自来水注入基坑内，同时造成一根ϕ1600上水管弯曲，一根ϕ800的污水管断裂，一根燃气管线外露，多根电信管线断开。基坑西侧，一辆130型卡车被土石压在下面。事故发生后现场经理及领工员迅速召集各作业班组进行人数清点，确定伤亡人员。事故发生时基坑内塌方段（结构第七段、第八段）正在进行土方吊运及防水施工，共有挖掘机司机1人、防水施工工人3人，共计4人。第五段施工人员26人，第六段施工人员65人。由于值班领工及时发现险情并及时组织工人进行撤离，所以事故未造成人员伤亡。因坍塌范围在施工围挡之内，某站周围的道路交通未受到影响。

2 案例分析

2.1 直接原因

（1）首先倒塌的南侧基坑外围均为管线改移区，管线较多且在基坑正南端中间部位设有污水井和雨水井各一个。根据前期地下管线调查情况及产权单位反映的情况显示，该区域ϕ800的污水管（距南侧基坑边缘5.1m）渗漏严重。造成该区域土体长期被积水浸泡。同时11月28日的雷达探测报告也显示该区域在地下8.0m左右深度范围内发现明显的异常区域："地下土层局部含水量较高，尤其在管线下部可能有积水渗入"。根据以上资料及基坑突然涌水坍塌反映出来的情况分析坍塌是由于污水（雨水管）管长期渗漏，在车站基坑南端形成水囊，水对车站南端土体长期浸泡使土体的稳定性受到破坏。

（2）南端喷射混凝土厚度仅为8cm，不能抵挡内侧土性质变化带来的侧压力变化，并在水的作用下开始出现裂缝，水从裂缝渗出，很快发展到涌出，并夹带着大量稀泥，最后在桩体背后形成空洞及松散区域，在东西两侧土体压力的共同作用下造成斜向支撑的整体失稳，从而形成基坑倒塌。

2.2 间接原因

（1）安全意识淡薄。

施工人员的文化程度不高，思想觉悟低，企业对员工的安全教育培训不够，下面从两个方面讨论施工人员安全意识淡薄的原因。

主观方面是施工人员存在侥幸心理，认为违反规章不一定导致事故发生，行动上投机取巧；存在无知心理，施工以及管理人员平时不注意学习安全知识和操作技能，安全技能素质低，对作业中应该注意的问题模糊不清，不能及时察觉自己的错误行为，甚至酿成事故；存在依赖心理，一部分员工缺乏主见，遇事判断辨别能力低，自己不动脑，依赖别人，遇到自己不熟悉的问题，不但不阻止还会跟从别人一起干；存在麻痹心理，有的施工以及管理人员习惯了平时的工作状态，导致思想麻痹大意，没有注意到作业中出现的新情况、新问题，仍以习惯的方式去对待，结果导致事故的发生；存在逞能心里，这是一种极为有害的心理，争强好胜，冲动，过高地估计自己能力，为了自我表现，不顾当时的状况，继续施工；存在敷衍心理，对待本职工作不认真，责任心不强，以混日子的态度敷衍工作；

存在逆反心理，个别员工无组织、无纪律，不服从指挥调配，为所欲为，甚至铤而走险，最终酿成大错。

图8　事故现场图

客观方面是管理制度不完善、不健全，严重的无章可循；安全培训不到位，对安全培训工作草草了事，甚至不建立培训以及考核制度，使得员工缺少必要的技术知识和操作技能；思想政治工作力度不够，对员工的物质生活和精神生活关心不够，致使有的员工精神压抑，心理疲劳，作业当中精力不集中，警觉意识减弱。

（2）设计不完善。

因为此次工程事故的发生地点紧邻地铁线路的某车站，污水管道的老化，导致污水的泄漏，影响了周围环境的性质，尤其是对结构的支护结构等的影响，对该站也有一定的影响，但是施工单位负责此次工程修复方案的技术负责人只对该站受到的影响简单考虑，并没有认真对待，致使设计存在薄弱环节，当出现较大应力时，车站必然遭到破坏。

（3）对信息化施工认识不足。

目前的工程施工人员大多都是对计算机以及信息系统了解程度不够充分，对于计算机、信息系统的使用不是很熟练，并且对目前先进的信息化施工不够重视，甚至不了解。在工程施工当中，尤其是危险系数更大的地下工程进行施工时，必须使工程施工信息化，才能有效地提高地下工程的安全性能。例如，再次施工的时候应该在施工现场设置防灾报警系统，不管什么形式的地铁工程事故的发生，都能迅速地发现，及时地进行补救措施以及应急措施。施工现场负责人没有认识到信息化施工的巨大作用。

3　社会影响

3.1　交通方面

抢险车聚集，致使道路交通拥堵2个多小时。由于此次发生的地铁质量事故非常严重，所以相关部门都尽可能多的调集工程抢险车到事故现场进行工程的抢险，由于工程抢险车的数量很多，事故现场的场地、道路等有限，导致了各方部门的工程抢险车在事故现场的道路上发生了严重的交通拥堵。北京地铁某线某站旁边的某路由北至南通行的机动车道路已经完全禁止通行，想经此道路经过的机动车全部由另外的车道通过。由于此次事故当中有多根相关管线出现断裂以及弯曲情况，所以相关单位（自来水、电力、网通、电信等）都迅速的调派工程抢险车辆及时的赶往现场，以便与其他相关单位进行磋商，同时协助现场的施工单位进行抢修。但是由于事故现场所处的区域位置过往的车流量非常多，致使相关单位的工程抢险车很难到达事故现场所在区域，工程抢险车必须横穿道路才能到达，而且由于事故现场的场地有限，许多单位的工程抢险车都不得不停留在道路上，导致道路交通拥挤，车辆通行缓慢，直到晚上六点多事故现场的两侧道路才恢复正常通车。

3.2　经济方面

数条管线断裂。在此次的地铁质量事故当中有多根重要的管线发生断裂和弯曲，包括自来水管道、污水管道、电力光缆以及通信光缆等，相关单位的多名技术维修人员及时赶到事故发生现场，彼此进行磋商协调，并且在施工单位的协助下迅速进行抢修。此次地铁质量事故累计造成15根重要的管线发生损毁以及破坏，网通公司出现了2条断裂的光缆；移动公司出现了1根断裂的光缆；电信公司损失最为严重，出现了总计8根断裂的光缆，电信公司的技术负责人员称，损失1根光缆就意味着对1000名客户造成严重的影响，损失8根光缆就是对8000名客户造成了严重的影响；自来水公司发现有1根直径为0.6m的城市供水管道破裂，1根直径为0.8m的城市污水管道破裂以及1根直径为1.6m的上水管道严重弯曲；燃气公司也发现了有1根燃气管道暴露在空气之中，处于非常危险的状态。事故现场周围总共停留了40辆左右的相关单位的工程抢险车。许多使用电信、网通、移动等的用户都受到了影响，虽然相关单位的有关负责人目前还没有进行具体的统计，但是就目前的地铁质量事故造成的损毁程度考虑，对用户的影响程度应该非常大。

3.3　城市方面

北京供水公司紧急关闸。数十辆直属于自来水公司的工程抢险车迅速赶到事故发生现场，与其他的单位进行协调磋商，并且配合施工单位进行紧急抢修。自来水公司的有关负责人称在接到地铁事故发生的信息后，迅速将与之连接的相关的供水阀门关闭。基坑坍塌所造成的2根断裂的水管都是城市的主要水管，但因为北京的地下水网系统是网状结构，所以关闭2根管线并不会对北京的供水造成非常严重影响，还有其他未损坏的主要水管以及次要的水管进行全市的供水，可确保全市人民家家有水，并不会有地段停水，只会对供水的水压有所降低。此次的地铁质量事故已经属于我国法规所规定的最高级别一级明漏事故。然而坍塌的基坑内还有其他的多根相关管线，其中包括电缆，考虑到抢修人员的生命安全，不能贸然修理，要进行一系列的相关的应急措施，将基坑内的污水抽干净，加固周围的土体，防止再次坍塌，确保万无一失的时候，再与相关的单位进行磋商来修复破损的管道。对于严重弯曲的上水管道也要采取相关修复措施，避免其发生断裂以及泄漏。管道的损毁程度严重，水管已经发生了严重的弯曲（如图9所示），图的右侧的多根相关管线均已经发生断裂，图的左侧水还在不断地流入基坑内。

3.4　道路方面

坍塌事故现场周围的路面沉降非常严重，导致通行车辆缓慢甚至拥堵，阻碍了交通正常的运行。施工现场的道路下沉很严重，周围路灯等设施均已经发生严重的倾斜，在此路段通行的汽车非常小心和缓慢，在道路上还有相关单位的组织人员对道路的车辆同行进行指挥，帮助车辆安全通过此事故地段，如图10所示。

图 9　水管损坏图

图 10　地面下沉图

3.5　政府方面

由于此次地铁质量事故发生在首都北京且程度重大，在各界引起了轩然大波，带来了许多负面的影响以及冲击。北京某线地铁发生质量事故后，副市长刘志安迅速赶到事故现场，与相关单位以及相关专家迅速召开紧急会议，到现场亲自指挥现场的抢险工作，协调事故当中被波及的自来水单位、电信、燃气、网通以及电力等相关部门一起参加事故的紧急抢修，并且调动武警等多个部门到达事故现场，配合相关单位进行地铁质量事故的抢修，争取尽可能地减小地铁事故所造成的损失。

4　经验总结

此次基坑坍塌虽然事故主体是施工单位和设计单位，但是勘察单位在此次事故中也可以总结出许多经验和教训。

4.1　对可能影响基坑稳定性的地下管线进行重点调查

此次地铁质量事故是由于污水管道老化渗漏所造成的，坍塌事故一部分原因就在于相关单位进行现场勘察时不够仔细，勘察时发现相关的管线有老化现象却没有采取相关的措施。地铁一般分布在城区主干道下，地下管线分布比较密集。这些地下管线种类较多，埋深不一，部分管线年代比较久远。其中上水、污水、雨水管线若因老化或施工变形发生渗漏，对基坑侧壁影响范围内土层产生浸泡，削弱基坑侧壁黏性土土体强度，基坑侧壁发生渗漏产生流土、流沙，导致围护结构失稳；燃气管线断裂会发生爆炸、电力管线裸露会发生触电伤人事故等。故在勘察时要对地铁施工场地范围内的管线进行了解、调查、考虑其地下分布的情况、相互之间的联系，勘察报告中应建议设计、施工单位采取手段，尤其是对工程可能产生较大影响的应重点建议，并提出管线调查、监测和检测建议。

4.2　对影响基坑稳定性的地下水进行重点调查

勘察要详细的查明基坑深度影响范围内的地下水的性质、分布以及动态变化等重要信息。稳定地下水如潜水、承压水勘察均能比较准确地查明，但对上层滞水、基岩裂隙水等因其分布无规律的复杂特性，一般手段不易准确查明。上层滞水却往往对工程造成意外的不可估量的影响。因此，勘察时在钻孔中应重点对该类水进行探查，建议深大基坑应尽量多布置水位测量孔，加大对上层滞水和基坑深度范围的基岩裂隙水的排查力度。发现土层含水量异常的，一定要查明原因。并在勘察报告中提出处理措施建议，提请相关单位基坑支护时采取妥善的针对性措施保证支护结构稳定。

4.3　对影响基坑稳定性的特殊土体进行重点勘察

基坑开挖导致基坑侧壁土体侧限条件削弱后极易被扰动。填土本身稳定性较差，若遇水被扰动则更不稳定；黏性土受扰动强度被削弱易发生变形，也不利于基坑稳定；粉土、砂土及碎石土黏聚力低，极易被扰动失稳，降水时其中的细颗粒还易被带走而产生流土、流砂，在围护结构后壁形成空洞后导致围护结构失稳、基坑坍塌。故要详细的查清不同土层的成分、含砂及含水量、土层的厚度、性质等重要的参数，特别是对现场的土体本身的强度、变形、渗透等性质的进行详细土工试验。勘察时若发现土体含水量异常的，应及时查明原因，并对异常土体的力学性质、物理性质进行重点查明，评价其对工程的不利影响，提出处理措施建议。

4.4　对施工场地环境条件限制进行重点建议

地铁车站一般均为深大基坑，边坡安全极其重要，勘察单位应对基坑环境条件进行详细的调查，并建议施工单位、设计单位要对基坑周围进行严格的管理，禁止在基坑边缘停留及堆放重物，防止其对基坑的支护结构产生不利的影响。并对塔吊所在的位置对基坑的不利影响进行详细计算，如若危险，应该迅速拆除塔吊，预防塔吊坍塌从而引发更大的灾难发生，在安全的位置重新安置塔吊继续进行现场的施工。

5　应对措施

5.1　进行安全风险及责任教育和培训

对全体技术人员以及相关的管理人员进行系统全面的安全风险及责任教育，坚持正规安全培训，使其在地铁勘察当中能抓住风险重点，更加有针对性地进行勘察工作。相关的技术及管理等人员不应该只对自己所从事的工作或者自己所感兴趣的方面进行学习，更应该对设计、施工风险也有所了解。因为勘察结果质量的高低将会影响到施工以及管理等人员安全，所以勘察工作对后续工序的安全非常重要。勘察单位应该积极组织多种多样的工程安全学习活动，多举办一些能够提高工程安全认识的宣传活动，让勘察设计人员都能够充分认识自身的责任，自己的工作不仅影响到单位的信誉，还影响到人民的生命财产安全，国家的经济发展。

5.2　持续不断地提高技术人员的技术水平

技术人员在现场能否准确控制地质风险关键点、能否抓住重点合理评价工程地质条件、提供合理的设计施工建议，取决于勘察技术人员的技术水平。一名合格的勘察技术人员需具备较高的现场掌控技术水平、资料分析处理水平和工程地质风险评价能力。勘察技术人员只有不断学习、积累实践经验，对积累的经验总结提升并应用到生产中，才能进步成长。勘察单位应努力创造条件为勘察技术人员提供学习平台，如按职工需求进行系统的专业知识培训，举办学术会议，在经济上、时间上提供支持，让职工能走出去参加学术会议、与兄弟单位交流学习、送入高等学府继续深造。

案例15：南宁某线某站基坑开挖涌水事件

1　案例描述

2014年12月21日，南宁某线某站在基坑开挖施工过程中，在6－7轴之间右线（车站南侧）挖至深度13m左右，基坑出现涌水，初步分析断定为详勘钻孔封填不实，基底以下角砾岩中的基岩裂隙水汇集于钻孔而发生渗漏，后采用注浆封堵住漏水，基坑继续下挖。2014年12月30日凌晨5点，在6－7轴之间左线深度约25m处又出现漏水，水量较大，分析原因与右线漏水相同，故也采取注浆封堵（漏水情况参见图11－图13）。

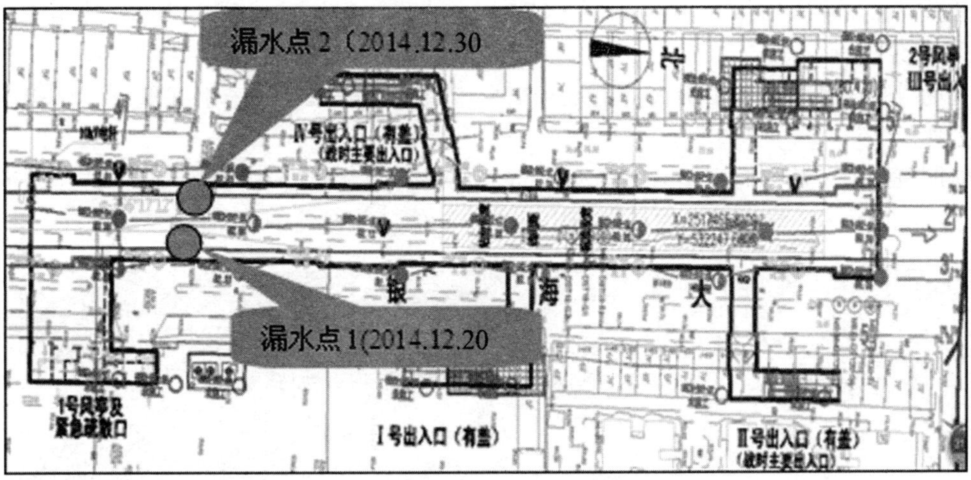

图11　大沙田站漏水点分布图

图12　2014年12月30日基坑渗漏图

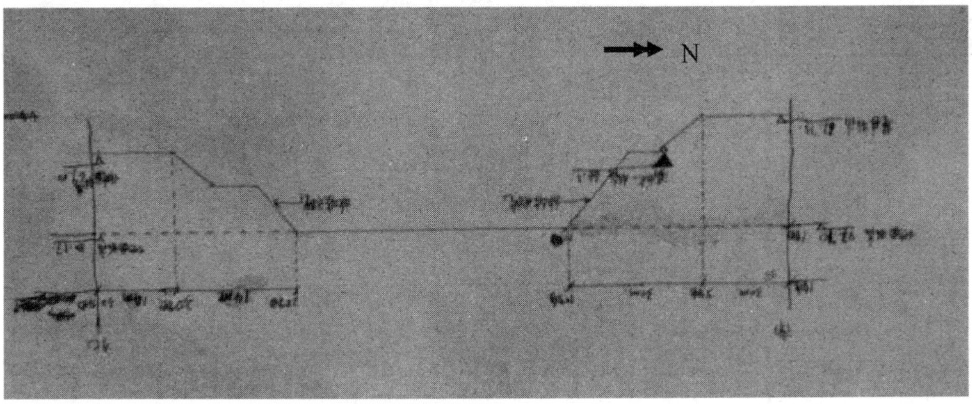

图13　2014年12月30日基坑开挖图

2 案例分析

2.1 直接原因

经过对现场勘探信息、原始班报、资料整理过程信息、现场基坑施工情况的分析，确定造成本次基坑涌水事故的直接原因大致如下：

（1）勘探报告中未查出基底下距基底仅约3m的角砾岩中存在空洞，更未对空洞中地下水（具承压性）的分布情况和地下水压力性质进行探查。

（2）勘察报告未将角砾岩作为含水层，导致施工单位地下水控制措施设计时未考虑该层水的影响。

（3）钻孔封堵不严，导致钻孔形成地下水通道，当基坑开挖到承压水水头范围内，承压水沿钻孔上涌浸泡基槽。

2.2 原因分析

（1）现场勘察时外业现场负责人知道现场勘探中有掉钻现象，但未引起重视，未向项目技术负责人及时反映。

（2）前期班报输入数据时因输入人员不知空洞代码，以其他岩性代替空洞，这样处理也未向项目技术负责人及时反映，导致生成的草剖图中没有空洞信息（参见图14）。

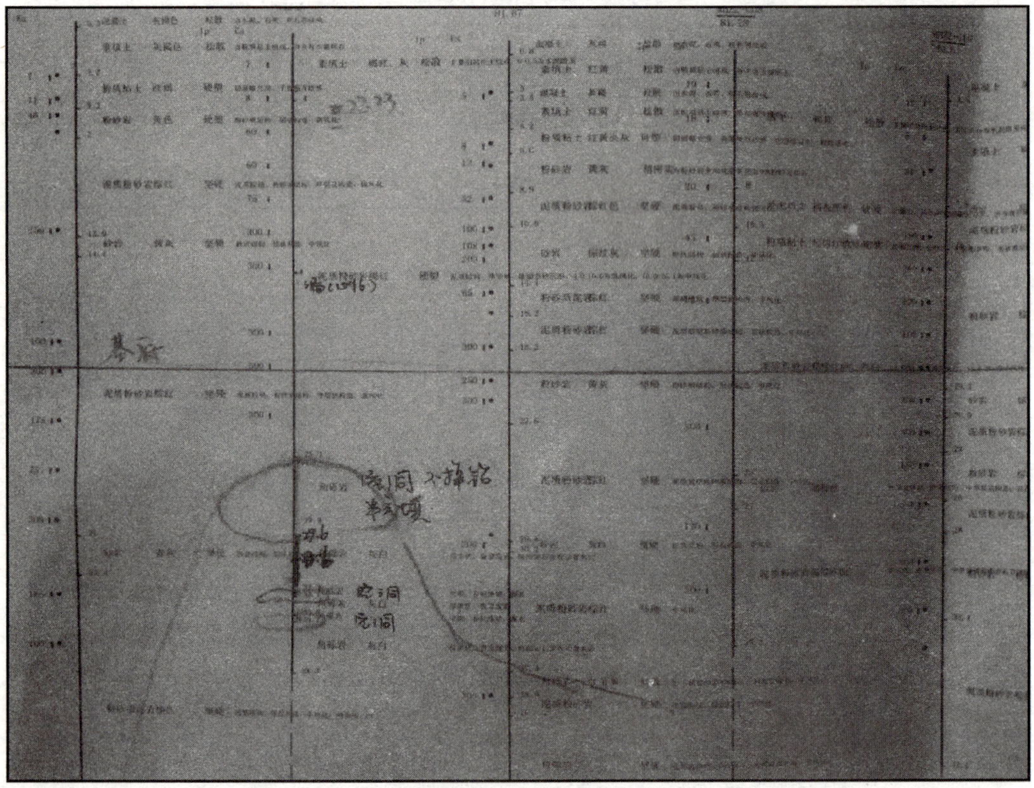

图14 被“角砾岩”替代的“空洞”

（3）技术人员在进行分层时，未就草剖图中各项数据与原始班报进行核对，因草剖面中没有空洞出现，故分层后剖面中没有空洞，现场描述的漏水漏浆情况也被遗漏。现场负责人与分层技术人员未进行沟通，导致一错再错。

（4）审核、审定人远程看电子版草剖图，不能核对原始数据，导致空洞被再次遗漏。

（5）项目所有技术人员包括项目责任人及技术负责人对南宁地区基岩地层的成因、分布和特点不熟悉，导致忽略了角砾岩中可能存在空洞、空洞中充水可能影响基坑施工的问题。

（6）钻机机组未进行认真封堵钻孔，现场管理人员对钻孔封堵情况未进行认真检查，导致钻孔封堵不严，形成水力通道，发生基坑渗漏。

3　社会影响

事故发生后，虽然南宁勘察单位和项目部积极配合施工单位分析原因、制订应对措施，最后未造成安全事故。但此次事故对我单位的勘察质量造成了一定的不利影响。

4　经验总结

（1）项目部应制定针对性技术管理措施。

项目负责人及技术负责人应对工程所在地的工程地质和水文地质特点进行充分了解，对地方性的特殊地质及水文问题应在项目管理中制订有针对性的管理措施。本项目即是项目负责人和技术负责人对南宁地区角砾岩中的空洞现象不了解，故未制订针对性技术管理措施。

（2）项目部应建立完善的沟通机制和快速反应机制。

项目部人员对项目实施过程中出现的异常和特殊情况应及时反应至项目技术负责人和项目负责人，项目技术负责人和项目负责人应对测量、钻探、现场及室内试验过程中出现的特殊和异常情况及时进行处理。本项目钻机机组向现场技术人员反映了掉钻现象，但现场技术人员未引起重视，未采取任何措施（如补孔、查水）也未向项目技术负责人反应，属典型的沟通不畅。

（3）项目施工组织每道工序应严格执行质量管理体系要求，贯穿项目始终。

本项目钻孔孔口坐标测量记录未按相关要求及时提供正式测量记录，只在整理资料时提供了电子文件，导致后期无法核对钻孔位置与漏水点的位置关系；最后封孔因项目部把控不严，封孔质量失控，导致地下水上涌通道的形成；岩芯照片管理混乱，未按要求归档，导致后期无法核对岩性划分正确与否。

（4）项目实施过程中每道工序成果应保证正确。

每道工序作业人员应该对自己的出手成果进行核对，保证下道工序使用资料的正确性，下道工序人员在使用上道工序人员提供的资料时应核对其正确性，也不能因异地审核而简略了审核体系的质量要求。本项目数据输入人员擅自将空洞进行了替代且未向后期使用人员进行交代，后续各道工序人员（包括资料整理分析人员、复核、审核、审定）也均未对数据输入人员提供的数据进行原始核对，导致重要数据信息丢失。

5　应对措施

（1）项目负责人及技术负责人应不断提升技术业务水平，对外埠工程在制订技术方案前应对区域地质情况进行充分的学习和了解。

（2）针对特殊地质情况项目部应制订有针对性地技术管理措施。

（3）项目部应建立有效的沟通机制，包括项目外业各班组与现场管理人员之间的沟通、现场管理人员与技术负责人之间的沟通、资料整理人员与项目技术负责人之间的沟通、项目施工组织人员与项目技术负责人及项目负责人之间的沟通。

（4）加强对项目人员的技术安全风险教育培训，让项目人员认识到不管技术管理或施工组织管理不严均可能对后期设计及施工造成的技术风险。

第二篇　测量篇

案例 1：某高速公路匝道与国道衔接处高程测量问题

1　案例描述

2005 年 10 月，某测量单位承担某高速公路测量工作，内容包括带状地形图测量、施工控制网测量、中线定测、初步设计阶段的零星补充测量等。其中线路定测及纵横断面测量工作由某分包单位完成。

进行定测时，由于中线定测工作开始时间距地形图及控制网测量完成已有一年之久，先前布设的施工控制网多有破坏丢失等情况，为了满足定测及零星补充测量工作需要，测量单位要求分包单位进行定测工作的同时在局部地段进行控制网补测，分包单位于 2007 年 3 月完成定线工作并用 RTK 方法完成了局部控制网的补测。

随后，根据业主要求，测量单位于 2007 年 4 月进行了高速公路 × × 桥与 × × 国道衔接处国道路面高程的补充测量，该测量工作使用的起算控制点即为 2007 年 3 月 RTK 补测成果，补充测量完成后，测量单位将补测成果与原地形图进行了对比，发现地形点高程差值最大为 20cm，当时分析认为是由于地形点位置差异造成的，未引起足够重视，加之工期紧张，未经进一步核实就向设计提供了补充测量的电子资料。

2007 年 4 月底，由于该高速公路工程开工在即，为了向施工单位移交施工控制网，测量单位又按照业主要求对整个测绘一标范围内的施工控制网进行了全面的复测和补测。测量单位在控制网全面复测时将分包单位用 RTK 方法测设的控制点纳入导线及水准线路一并观测并整体平差，在进行成果对比时发现 2007 年 3 月 RTK 补测成果与全面复测成果存在较大偏差，最大高程差异达 44cm。

经分析数据，认定分包单位进行的 RTK 控制点补测存在较大误差，由于使用了错误的 RTK 高程成果，造成国道路面地形测量成果高程数据比实际地形高出 40cm 左右，在该段实际施工时，施工单位发现该问题并反映给业主，问题暴露。

2　造成的影响及后果

由于设计使用错误的测量成果进行设计，造成高速公路匝道与国道施工衔接出现 40cm 左右的错台，后施工单位对已完成的匝道路面进行铣刨，并垫高了国道路面以完成顺接。工程费用追加近百万元。业主对测量单位进行了严厉批评并通报各标段。

3　原因分析

分包单位 RTK 测量成果不正确，是后续补充测量成果出现问题的直接原因，但其中更深层次的原因是测量单位对分包单位的管理不严，存在以包代管的问题，以及测绘成果出手审核存在的问题。具体分析如下：

（1）管理环节缺失。

测量单位在分包管理上流程不够严格和规范，开工前未作书面技术交底明确技术和质量要求，分包单位完成任务提交成果后未及时安排进行质量检查。

在生产管理中未将后期技术服务（指补充测量工作）纳入项目管理，后期服务没有安排专人负责，任务分派较为随意。

（2）技术把关不严。

任务完成后未安排按照质量体系文件的要求进行三级审核以及质量检查，直接将成果提交给设计单位。提交资料也不正规，未按技术报告或技术联系单的形式提交。

全网重新复测后，工程主持人对 RTK 测量成果与复测成果存在较大差异的情况进行了汇报，技术主管忽视了 RTK 测量成果对后期测量成果造成的影响。未进行统一的问题排查与分析。

（3）分包单位在技术水平、质量管理方面存在问题。

此次问题的直接起因，是由于分包单位提供的 RTK 测量成果不正确。分包单位在技术环节存在方案不当或操作错误，而且分包单位没有对自身成果进行检查。这反映了分包单位在技术能力和质量管理方面存在问题。

（4）工程主持人责任心不足，技术水平有欠缺。

工程主持人在进行××桥地形补充测量时，对补充测量成果与原地形图进行了对比，在地形点高程相差20cm左右的情况下，未引起足够重视，没有发现测量成果存在的错误，补充测量成果未经技术主管领导审核就提供给设计单位使用。随后，在发现RTK成果有误的情况下，未提醒技术主管对使用错误成果进行的补充测量结果进行进一步核实。

4　问题性质

此次质量事故属质量技术管理问题。

5　经验总结

（1）在组织规模较大，时间跨度较长的测绘生产任务时，应重视后期配合设计的零星测量工作，将其纳入项目统一管理，并及时组织安排质量检查工作。

（2）技术主管应进一步加强分包工程及配合设计阶段的补充测量工作质量管理，对于分包工程，严格按照质量体系文件中的相关规定进行管理，工程开始前应进行技术交底，并审核分包单位测量方案，在分包工程施测过程中加强外业检查，外业抽测需达到一定比例。在分包工程成果提交时要求分包单位提供质量自检情况，并对分包单位的测量成果按要求进行审核。对于配合设计阶段的补充测量工作，以技术报告形式提交成果的，按照相关规定进行审核和质量检查，对于以技术联系单形式提交成果的任务，作业前也必须编写测绘工程纲要，作业成果必须经过两级审核（作业组自检，技术主管审核）后方可签发。作业过程中的原始观测记录，计算成果必须经过复核，签字齐全并存档备查。

（3）加强工程技术人员责任心的教育以及技术培训工作。针对本次问题召开质量分析与质量意识教育的专题会议，对全公司人员进行质量教育。同时组织地形图测量的技术培训，对于市政道路工程测量、地形测量的技术要点等进行培训。提高作业人员的质量意识和业务水平。

案例 2：管线探测成果错误造成某地铁线路工期延误事件

1　案例描述

北京地铁某线路南法信至顺西路盾构区间在府前街区域上方有一条中石化输油管线及配套光缆横向穿越，该线路管线成果资料由某测量单位提供，成果显示该输油管线在穿越处埋深数据为 4.0m 左右。2010 年 5 月，盾构区间掘进至距该管线还有 700m 时，施工单位查阅设计资料发现该段管线在穿越府前街时设计埋深为 17m，与区间隧道结构冲突。后又进一步向当时进行管线施工的现场施工人员核实情况，施工人员称当时采用水平定向钻施工工艺，具体埋深无法得知，估计为 9m 左右。因数据互相冲突，且管线为直埋，埋深较深仪器探测无信号，施工单位遂停工采用人工挖探井方式进行现场核查。

2010 年 7 月 5 日施工单位将管线挖出，测量单位随即对管线进行了平面和高程的测量，实测管线埋深为 10m 左右，与隧道结构无冲突，测量单位将测量数据反馈甲方及设计单位。

2　造成的影响及后果

后经挖井实测，该输油管线实际埋深 10m 左右，与隧道结构并无冲突，但是因测量单位的探测资料不准，加之探井施工影响盾构工期延长 2 个月左右，建设单位北京东直门机场快轨公司对测量单位测量成果质量十分不满，对测量单位领导进行约谈。

3　原因分析

现场作业人员在调查此输油管线时，曾联系管线运营单位的巡线人员进行现场指认，并向其了解管线埋深。巡线人员指认了管线位置并说明该管线的埋深为 4m 左右。现场作业人员根据指认位置使用管线探测仪器对该管线的走向和埋深进行了探测。在中石化人员指认地点，探测出管线的走向和埋深与巡线员说明情况基本一致，但在横穿府前街位置探测时仪器失去信号，作业人员没有注意到此情况，当时认为有管线运营单位的指认，加之路口交通繁忙，来往车辆影响正常探测，就直接将巡线人员说明情况数据记录在了管线调查表中，并最终标示于正式提供的管线详查成果内。

由于现场作业人员缺乏经验，在发现管线探测仪信号中断后，没有多方面分析原因和进一步深入核查，也未将问题作为存疑，而是直接按照现场探测结果和巡线人员提供的信息编制相关成果。随后的审核和质检环节也未能发现错误，存在把关不严的问题。

4　问题性质

此次质量事故属质量技术管理问题。

5　事件经验教训

（1）现场作业时必须仔细认真，不轻易放过任何疑点，未探查清楚或探测无信号的一定要在成果上标明。

（2）对于横穿主要交通路口的管线一定重点关注，因为在这些地方，为了躲避其他地下构筑物，管线的埋深往往存在突变。

（3）在邀请管线产权单位现场指认时应作好相关记录，多向其了解相关情况，如管线的设计单位，施工单位和设计、竣工资料存放地等信息。

案例3：管线成果“国防光缆”标注遗漏引发设计变更事件

1　案例描述

2010年某测量单位承担北京市某中低速磁浮交通线的管线详查工作，在设计小园站位置存在一条通信管线，该条管线结构形式为管块，穿线孔穿有多家产权单位的管线，其中有一条为国防光缆，且小园站附近立有标明国防光缆的警示桩。在测量单位提供的管线成果图上，该条通信管线的警示桩，检修井、电缆指示桩等都已测绘上图，但未在小园站所在图幅上通信光缆附近标注“国防光缆”字样（其他图幅有标示，但小园站附近没有），管线成果表中写明该管线是“市话”。

2　造成的影响及后果

设计人员在设计小园车站时，起初对该通信管线按普通民用电信管线考虑，计划改移这条管线并完成了车站设计，后来发现是国防光缆，业主与军事部门协调改移事项无果，不得不考虑变更车站位置，造成设计工期延误和工程预算增加。

3　原因分析

（1）分包单位作业人员疏忽大意，未在图上相应位置标明“国防光缆”。

（2）工程主持人只对管线密集的西段（苹果园至石景山电厂）进行了外业检查，而对管线较稀少的西段（永定河以西）没有全面检查。因而没有检查出这个问题。

4　问题性质

此次质量事故属质量技术管理问题。

5　事件经验教训

国防管线问题是管线探测中的重点和难点问题，一方面很多国防通信管线涉及保密问题，资料不易收集获取，而且通信管线一般为光缆，仪器探测信号微弱，往往很难调查清楚，容易发生遗漏；另一方面国防通信管线的改移难度极大，一般情况下不可能改移，如果碰上只能进行设计变更；第三如果因为探查不清，在施工中损坏国防管线，后果极其严重。此类管线质量风险极大。

正因为上述原因，在管线探测业务中必须高度重视国防管线的问题。要注意做到以下几点：

（1）在进行踏勘时就要注意了解测区附近的敏感单位大致分布情况，对涉密管线分布情况进行预判，做到心中有数。

（2）在实际作业过程中要注意收集各种指示桩，警示牌等的信息，根据所标信息及时联系产权单位了解管线分布情况。

（3）在管线成果资料上对于国防管线要做到应标尽标，不得遗漏。

（4）在管线初步成果完成后，应尽力促成委托单位与沿线敏感单位和军事通信主管部门进行联系，将管线成果和初步设计资料交上述单位进行确认。

案例4：管线探测成果缺漏造成某地铁线路施工损坏管线事故

1　案例描述

2011年1月23日凌晨，北京地铁×号线二期工程某盾构区间施工单位在西三环路主路某桥东侧的外侧车道上进行地面加固注浆施工过程中，将通信光缆打断，该区间的管线详查工作由某测量单位承担，经检查，测量单位提交的测绘成果报告中南北方向有检查井，但检查井之间未标示存在的管线，成果存在缺漏。

2　造成的影响及后果

本次事故造成直接经济损失数十万元，测量单位主要领导被市建设主管部门约谈，地铁建设公司发文对该测量单位进行了通报批评，事件造成了不良的社会影响。

3　原因分析

（1）该项目管线调查期间为2007年年中，由某分包单位实施，当时因奥运安保原因，各种地下管线已上锁，并且井盖上贴有封条，外业作业人员无法开井调查。因此将原计划开井调查方法改为仪器探测，因为发生事故的管线位于三环路主路，交通繁忙，探测工作只能在晚间进行。现场探测时，由于该管线内大部分为光缆和弱电电缆，探测仪器不能明确判断走向和埋深，因此成果编绘时没有表示该管线的走向，埋深和规格等信息。但分包单位现场调查人员并未将该问题记录在案，也未在提交的技术报告中进行重点说明，风险防范意识欠缺，技术把关不严。总包测量单位的质量检查人员在内业审图时，对于存在的孤井未连线问题没有引起足够重视，存在疏忽。

（2）开工前的管线情况交底工作不扎实，交底时认为事发区域为非开挖区，对于存疑资料未提醒施工单位注意风险。

4　问题性质

此次质量事故属质量技术管理问题。

5　事故经验教训

（1）改进外业作业程序，对于外业调查存疑的问题必须在调查表或工作日志上详细记录。

（2）技术报告中对于外业调查中未能调查清楚，存在疑问的问题必须逐条详细说明所在位置，调查情况，未能查明的原因和后续措施，在管线成果图上也应以醒目的字体在相应位置清楚表示。

（3）对于管线成果的内业质量检查，应明确检查重点，对于管线成果交代不清，管线高程冲突等问题必须逐一落实。

（4）准备开工之前的管线交底时，要认真梳理管线成果，对于存在重大风险的管线和存疑问题应重点说明，做到不遗留死角。

案例 5：控制网复测成果送达问题导致站台板施工误差过大事件

1　案例描述

某测量单位于 2009 年底对某号线一期东段全线控制网进行复测时发现某站附近精密导线点差值较大，最大为 2.5cm，复测结果显示该段控制点点位发生了变动，2010 年 1 月 12 日测量单位向北京地铁某号线一期工程部正式提交了控制网复测报告，并且在工程例会上通报了相关各单位控制网成果的变动情况，但是由于施工单位在站台板的施工过程中没有采用测量单位新的控制网成果造成了站台板施工偏差过大，后经凿除处理后满足限界要求。

2　造成的影响及后果

某站站台板进行了凿除，对站台装修施工和铺轨工期造成了一定影响。业主单位快轨公司对测量单位表示了不满和抱怨。专门发文要求测量单位对服务和质量问题进行整改。

3　原因分析

控制网点发生位移变形是客观存在的，测量单位的测量成果也没有错误和质量问题，但是测量单位向快轨公司提交控制网复测报告时，仅按一般报告的送达程序交资料室签收，与业主主管质量安全的相关人员交流不够，未向业主说明控制网成果变动可能造成的后果以及商议应对措施，也未就成果变动问题专门向施工单位做出书面提示。仅在工程例会上进行了一般说明。服务意识不够，对可能发生的问题估计不足。

4　问题性质

此次质量问题属服务意识不足，服务不到位所致，属于服务问题。

5　事件经验教训

在后续工作中加强服务意识，遇到如控制网发生变化等类似工程技术问题应充分考虑和估计可能发生的不利后果，并及时提醒业主和施工单位注意采取相应措施。应尽量推动业主组织相关会议讨论解决问题并留下会议纪要等书面材料，若无法组织会议至少也应以技术联系单等形式通知业主、监理和施工单位。

案例 6：北京地铁某盾构区间施工偏差过大引发业主抱怨事件

1　案例描述

2012 年 10 月，作业组在进行北京地铁某线路 9 标某区间联系测量检测的时候，按照测量单位有关要求进行了隧道掘进中的断面检查，结果发现隧道偏离设计中线最大达 98mm，项目负责人仅向施工单位发送了技术联系单进行提醒，未向业主、监理等相关单位通报。2013 年 6 月隧道贯通后，作业组进行了贯通测量和断面测量，结果发现区间断面最大偏差达到 248mm，测量单位将成果报告了快轨公司安监室。由于中线偏差较大，设计人员不得不进行调线处理。

2　造成的影响及后果

线路经调线处理后勉强满足铺轨要求。快轨公司对施工单位索赔 103 万元，要求更换项目经理和项目总工，对监理单位罚款 3 万元，要求更换主要人员，对测量单位进行了通报批评。

3　原因分析

测量单位在发现施工出现较大偏差之后，仅以联系单形式通知施工单位，没有向业主和监理单位通报，后续对偏差的跟踪测量工作也没有做到位，业主主管部门因不知情而未采取措施，致使施工偏差继续增大，最后不得不调线。

4　问题性质

此次质量事故属服务意识不强，同时质量管理环节存在疏漏。

5　事件经验教训

盾构施工误差偏大是近年来盾构施工的顽疾，也是第三方测量单位比较难解决的一个问题。最近几年，盾构施工的隧道越来越多，有经验的操作人员明显不足，加之工期压力，很多施工单位忽视或者放松了对施工质量的管控。而以现有的测量手段，只能测到距离盾构刀盘近百米处的环片姿态，对于刚完成拼装的环片，由于配套台车的遮挡无法测量，造成盾构环片测量的数据比较滞后，难以实时发现偏差，且按照现行的相关规定及合同，第三方测量的检测工作频次有限，并不能代替所有施工测量工作，难以全面覆盖所有的管片数据。所以盾构隧道施工误差超限的情况屡屡发生。北京地铁四号线、十号线、合肥地铁一号线等均发生过类似问题，有的还造成了较大的损失。虽然事件的主要责任是施工单位，但作为第三方测量单位也承担了连带责任。业主对测量单位留下了不良印象。

对于盾构施工偏差过大的问题，需要业主、监理、施工和第三方测量多方努力，齐抓共管方能解决，单凭第三方测量单位，难以解决所有问题。今后对于类似问题，应注意做好以下几点：

（1）未雨绸缪，提前做好基础性工作，在项目盾构区段开工之前与业主共同研究制定施工偏差控制管理措施，推动业主组织盾构施工测量技术交底会议，就施工测量的相关注意事项向各施工单位做好交底。

（2）加强隧道掘进初期的巡视检查，施工初期的巡视检查有助于了解施工单位的技术水平和管理水平，从而为有重点，有针对性地开展施工测量管理工作奠定基础。

（3）贯彻掘进中断面检查的相关措施，每次地下控制测量检测时都要对断面进行检查；发现问题及时与业主管理部门及监理单位进行沟通。

（4）积极推动业主管理部门建立盾构施工偏差实时控制系统，充分利用先进科技手段加强管理。

案例 7：北京地铁某车站雨棚管线调查漏查管线事件

1　案例描述

2011 年 6 月，某测量单位承担了北京地铁某车站雨雪棚改造工程管线探测的任务，工程主持人虽然对该车站周边管线进行了开井调查和仪器探测，但在未去相关管线权属单位收集资料的情况下就提交了测绘报告。随后运营公司根据测量单位提交的成果进行了雨雪棚施工。2014 年 9 月左右燃气集团在进行线路巡查时发现雨雪棚压盖了此处一条中压燃气管线，问题暴露。

2　造成的影响及后果

运营单位新建的雨雪棚压盖燃气管线，造成一定安全隐患，运营单位对产品质量有抱怨，影响测量单位的信誉和形象。

3　原因分析

工程主持人接受任务后，认为本工程探测面积较小，管线分布情况简单，凭借对于测区及周围管线出露点的开井调查，配合仪器进行盲探即可查清管线分布，因此未前往相关管线权属部门收集和调阅资料。在实际进行管线探测时，由于在遗漏的中压燃气管线附近有一条电信管线，造成信号重叠干扰，仪器探测未能发现该燃气管线。

因此，本质量问题的原因可归为两条：

（1）测量单位在管线探测的作业文件中没有明确规定所有管线探测项目应在作业开始前去相关管线权属单位查阅和收集管线相关资料。作业程序存在问题。

（2）工程主持人在实际作业中存在疏忽，虽然程序文件没有明确规定，但是按照作业惯例管线探测项目开始前均需收集有关管线资料。工程主持人没有注意这一点，另外在管线探测仪的使用方面技术能力欠缺，未能选择合适的探测方法。

4　问题性质

本质量问题属于技术质量管理方面存在疏漏。

5　事件经验教训

在进行管线探测之前一般要搜集探测区域的既有管线资料，包括以前编绘的管线综合图、城建档案馆存档的管线竣工资料、各个管线权属单位或管理部门为自身运营管理需要而编绘的专业管线图等。搜集资料后还应将这些管线成果展绘在大比例尺地形图上，作为管线探测的工作用底图。这是作业准备中一项非常重要的工作，搜集的资料越多越丰富，越可以节约管线实地调查和探测的工作量，起到事半功倍的效果。一些管线在地面没有明显出露点，而且埋深较深时难以探测清楚时，搜集来的资料可能是所能提供的唯一参考资料，所以必须高度重视资料搜集工作。

针对此次事件，应从以下几方面改进工作：

（1）修订作业程序，规定无论工程大小，一律需前往管线权属部门收集相关资料，尤其带压管线如燃气、热力、自来水等。

（2）与管线权属单位或者运营管理单位加强沟通，保持良好关系，建立由部门掌握的管线权属（管理）单位名单和联系人名单。

（3）加强管线探测仪实际操作的培训，提高现场作业水平。

案例8：北京市门头沟区某道路工程带状地形图测量质量问题

1　案例描述

2014年3月某测量单位承担了北京市门头沟区某道路工程二期测量工作，内容包括隧道部分地形图测量，纵、横断测量等。于当年5月提交了测量成果。

2014年9月，施工方进场清理了簸箕沟隧道西侧（设计里程K3510～K3540）山脚下一片杂树林，发现树林里有一深约1.5m，宽4m，长约20m的坑在提交的地形图成果上没有反映，而且测量单位提交的断面数据经施工单位复测发现与现状情况不符。测量单位随后对该道路工程的测绘成果进行了全面复查，在进行复查时又发现三处数据有误，一处是羊圈头隧道西侧，一处是K5500～K5700，另一处是K6+600。

另外，设计人员反复提到有一处隧道的洞口位置山崖地形测量精度不够，测量单位多次复测，反复沟通才最终解决问题。

2　造成的影响及后果

由于测绘成果不准确，引起设计变更，对设计和施工进度造成一定影响。委托单位市路政局项目管理中心对测量单位产品质量表示不满意。

3　原因分析

本项目为分包工程，由某分包单位实施，由于测区地处山区，山崖陡峭、树木茂密、灌木丛生，通视、通行困难，分包单位在测图时对难以到达的区域测得不细致，漏测了部分特征地形点。后来设计方要求提供地形断面，工期要求非常紧张，外业时间不够，就采取在地形图上采集高程注记点生成断面的方法，造成许多断面与实地地形不符。

测量单位在对分包单位提供的测量成果进行检查时，委派了两名年轻技术人员进行外业巡视检查，由于检查人较年轻，工程经验不足，仅进行了目视巡检，没有使用仪器进行复测检查。对在检查过程中对此项目测绘工作的重点内容认识不到位，质量风险意识不够。对道路施工范围内尤其是中线附近的地形检查不够细致认真，没有检查出地形图地理精度不足的问题。

关于隧道洞口测量的问题，由于1/1000地形图反映山区地形细部存在局限性，尤其是悬崖陡坡等，在地形图上是以符号化的形式表示，不能完全反映实地地形的细部情况，工程主持人与设计人员的沟通不充分，没有充分说明这一点。设计人员对测绘成果的误解没有及时消除。

4　问题性质

本质量问题属于技术质量管理方面存在疏漏，同时与客户的沟通存在问题。

5　事件经验教训

（1）分包管理中，对分包单位的测绘成果检查不严格，没有按照规定使用仪器进行打点复测，派出人员经验不足，没有把握道路工程地形图的检查要点。今后工作应注意严格执行单位质检相关规定，并对技术人员进行地形图业务知识的相关培训，提高专业技术技能。

（2）加强技术人员的沟通能力和技巧的培养，通过沟通及时消除误解。

案例9：北京市某楼盘房产面积测量质量问题

1　案例描述

2010年，某开发商聘请测量单位对其开发的位于北京市望京的某楼盘进行房产面积测绘，在进行房产面积预售测量（图上测量）时，由于测量单位失误，对同层相邻两单元的卫生间划分不清，其中一单元的卫生间面积计入另一相邻单元。造成相邻两单元实际面积与预售面积相比分别多出和减少7平方米，此问题牵涉300多户业主，收房时问题暴露。

2　造成的影响及后果

由于国家规定，预售面积与实测面积相差在3%之内的属合理误差，业主支付购房款时按照单价多退少补。对于误差超过3%的部分，如果实测面积比预售多，则无偿赠予业主，如果实测面积比预售面积小，开发商应双倍返还业主多交的购房款。

该楼盘如果按照此规定执行，则开发商需承担巨额赔偿，收房时开发商拒绝按照国家规定进行赔偿，业主不满意，对开发商提起诉讼，后经法院调解，开发商支付业主一定金额的赔偿，双方和解，但开发商还是承担了数额较大的损失，后开发商向测量单位追偿损失300余万元。

3　原因分析

测量单位在进行预售测量（图上测量）时，没有认真研究核对图纸，对于测量成果的检查把关不严，是造成此次质量事故的直接原因。

4　问题性质

该质量事故属于技术质量管理问题。

5　事件经验教训

对于不动产测绘这类政策性极强，法律风险较大的测绘项目，必须建立严格的质量控制程序，图测最好由两人分别独立完成并相互对比，实测应进行外业实际抽检，检查人员应具有丰富经验和高度责任心。对成果的检查应严格细致，不可走过场。

案例10：某市地铁一暗挖区间第三方检测成果质量问题

1　案例描述

某测量单位在进行某市地铁一个矿山法暗挖区间控制测量检测时，操作失误，测绘成果出现粗差。后施工单位按照第三方测量的成果指导掘进，进尺80m左右时隧道中线偏差10cm以上，第二次检测时采用了陀螺定向方法发现掘进方位偏差。

2　造成的影响及后果

建设管理单位对第三方测量单位的工作非常不满，约谈了测量单位领导，要求更换项目负责人。

3　原因分析

测量单位在进行检测时，由于投点操作失误，将控制点投测在竖井底部的一个钢板上，投点操作时人站在钢板上，钢板负重发生变形，造成投点误差过大。

施工单位没有按照相关管理规定独立进行测量，直接采用第三方测量数据，使第三方测量丧失独立性和质量监控的作用。

4　问题性质

该质量事故属于技术质量管理问题。

5　事件经验教训

（1）投点操作应细致认真，作业人员需具备一定现场经验。

（2）第三方测量单位应加强对施工单位的测量工作监督管理，要求其独立施测并上报成果；在施工单位未上报测量成果之前，不把检测数据透露给施工单位，不可放任施工单位的违规行为。

（3）对于第三方测量的检测成果与施工测量成果发生较大偏差的情况，第三方测量单位的处理应该及时和谨慎，首先应分析偏差产生的可能原因是什么，其次应采取不同方法及时复测，在确认己方测绘成果没有问题时才可谨慎做出结论，并提出处理措施。

案例 11：某道路测量放样偏离事故

1　案例描述

某道路原规划设计本为正东正西向，由于测量单位放样错误，导致最终走向呈现东北 - 西南走向，偏离规划设计。

2　案例分析

在 20 世纪 80 年代，某测量单位在进行道路中心点放样，由于测量人员粗心大意，所放点位置与设计值的纵坐标值相差约 120m，道路施工单位按照测量单位的放样位置进行了施工，导致道路最后偏离规划位置，呈东北—西南走向。

3　社会影响

20 世纪 80 年代，特区成立时间不长，处于建设初期，市政基础建设要求快速，当发现道路施工已经偏离规划设计时，造成了无法更改的事实，在此基础上，建设、规划部门只好采取现状，并对周边的道路、工业区、住宅区重新进行红线调整，由于本次测量原因引起的红线调整，在社会上产生了严重的影响，也给后来的城市规划带来一系列不利。

4　经验总结

（1）道路因测量放样走向偏离如同一面镜子，时时照亮着测量人员必须认真、仔细的对待每一个数据。

（2）20 世纪 80 年代，该区域相对空旷，土地市场价值低，按照当前该区域的房价统计，造成的损失将是个巨大数字，是一般勘测单位难以赔偿的。

5　应对措施

（1）在所有测量过程中，严格执行相关规范、规程、技术要求的有关规定。

（2）提高测量技术人员的专业技术水平、加强职业责任心，避免粗心大意。

（3）对设计等单位提供的图纸、数据进行认真核对、核算，确保数据的正确，掌握测量的目的要求，对存在疑问的，要及时与相关单位人员联系沟通，并保留记录。

（4）实地测量工作，加强起算控制点的检核；做到测前检查控制点数据的正确性、点位的稳定性、测量数据的正确、测后放样点的检核。

（5）审核、审定者严把质量关，确保每一件产品都是合格品。

案例12：某建筑红线测量放样偏离事故

1 案例描述

1995年4月，某测量单位为某建筑物放样时，发现相邻的某小区红线超越其范围，挤占两小区间的消防通道，某整体向东偏移2m左右。

2 案例分析

某小区由20多栋中高层住宅楼组成，为当时市内高档小区之一。1994年10月，由深圳某测量单位进行建筑物轴线放样，在放样时采用的起算控制点为之前该单位进行地形测量时的图根控制点，由于在布设图根导线时，因为通视原因，点位在同楼顶上移了2m左右，而实地该点的标志、点号未清除，导致后来放样轴线时采用的是作废的点位，控制点检核时只做了单向边长检查，边长较差碰巧在限差范围，于是对建筑物轴线进行了放样，放样后的轴线相对位置正确，但绝对位置整体偏移2m左右。

后来在进行其他相邻小区放样时，发现某小区的整体偏移，挤占消防通道，而此时某小区已经完成近100m长、10m高的挡土墙施工，数百个建筑物地基挖孔桩施工也基本完成。

3 社会影响

（1）在发现某小区整体偏移时，挡土墙、挖孔桩等的施工费用已达数百万元，为了尽可能减少损失，已经施工部分未进行拆除，对未施工部分进行设计变更。

（2）由于社会的不断发展，从20世纪90年代至今，机动车辆增加数倍，且以前住宅区无地下车库，导致目前两小区为行车、停车而发生矛盾，街道办介入为此进行了多次调解，因为当时的测量事故产生了达数十年的矛盾，社会影响严重。

4 经验总结

（1）测量工作在工程建设中的费用只占很小部分，一旦发生测量事故，造成的损失是巨大的。

（2）测量工程无论大小，都必须仔细认真完成。

（3）严禁使用图根控制点作为起算点，必须采用高等级的控制点，所用起算点要经过边长、角度全面检核。

（4）已经破坏的测量控制点要及时修复，并有新成果。对无法修复的要及时清除，避免点位的使用错误。

5 应对措施

（1）加强测量控制点的管理，实地点位稳固、点号清晰，点号唯一、成果唯一。

（2）测量控制点使用必检，确保位置正确、数据正确。

（3）提高测量技术人员的专业技术水平、加强职业责任心，避免粗心大意。

（4）审核、审定者严把质量关，确保每一件产品都是合格品。

案例13：某地铁盾构隧道施工结构偏离设计中线事故

1　案例描述

2008年11月20日，某地铁盾构区间掘进至374环时，测量人员在人工测量中发现盾构机推偏，隧道结构水平偏差最大1793mm，出现质量事故。

2　案例分析

（1）在2008年11月13日，隧道掘进至315环时，VMT系统出现异常，数据丢失，测量人员重新输入数据，曲线要素输入错误，当时未发现问题。

（2）2008年11月13日～19日，（315～373环）此期间的掘进中，盾构司机和值班人员发现异常，并告知测量人员，没有引起该测量人员足够警惕，未及时检查处理，当时盾构机正处于纠偏状态，洞内工作人员和地面管理人员都没有引起重视。

（3）2008年11月20日，掘进至374环时，测量人员在人工测量中发现盾构机推偏，水平偏差最大1793mm，此时测量人员出于畏惧心理，不敢向上级报告，告知项目部管理层VMT又出了问题，需要维修，停机6天，随后测量人员私自更改VMT数据，并恢复掘进，直至盾构机出洞。

（4）2009年3月4日，施工对区间隧道进行自检复测时，发现左线从341－423环隧道严重偏移超限，如图15所示。

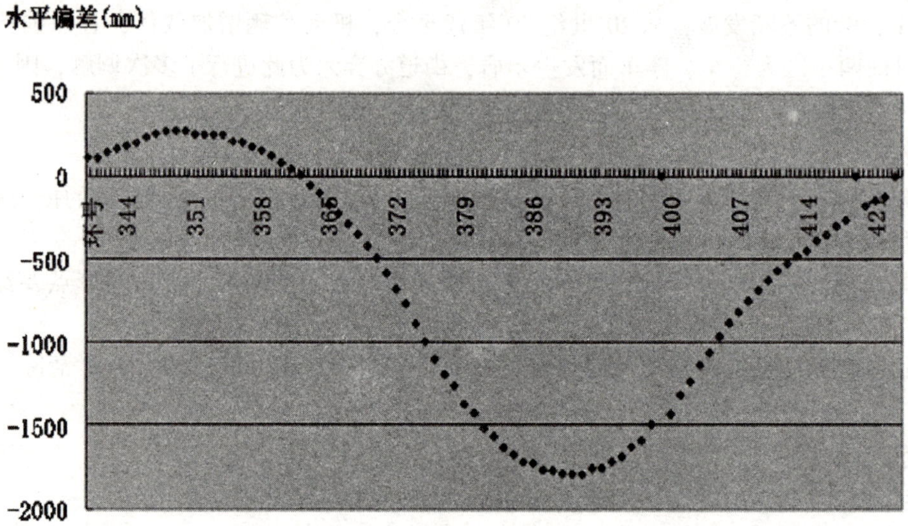

图15　隧道偏离图示

3　社会影响

该隧道盾构施工偏离设计中线事故，远超出设计范围，无法满足地铁行车需要，最终决定对该隧道（全长70.4m）进行设计变更，采取明挖改造，耗时三个半月，由此造成的直接及间接经济损失达几千万，社会影响也十分严重。

4　经验总结

（1）盾构测量是隧道掘进的眼睛，DTA数据的正确计算是保证隧道正确掘进的关键，应加强测量人员的专业技术水平；监理单位加强对DTA数据的审核，并对正式文件备案管理。

（2）输入DTA数据时，进行复核检查，专业监理旁站监督。

（3）测量人员不得擅自更改VMT中数据。

（4）测量监理单位对管片姿态进行复测。

5　应对措施

（1）在所有测量过程中，严格执行相关规范、规程、技术要求的有关规定。

（2）提高测量技术人员的专业技术水平培训、加强职业责任心教育。

（3）严格管理程序，杜绝人为造假。加强检查复核环节，不能流于形式，按照质量管理体系程序的要求，合格后才能进入下一级流程。

第三篇　测试篇

案例 1：长春市地铁某线某站基坑塌方事故

1　案例描述

2013 年 6 月 13 日 18 时，长春市地铁某线某站 1 号基坑北侧端头盾构井距基坑底约 2m 的位置，出现突水突泥现象。20:40 左右，发现涌水涌泥突然加剧，在现场施工抢险人员撤出过程中，第三道支撑突然脱落，相继下方的第四道角撑（4－51），第五道角撑（5－51）脱落。事故发生后各个参建单位启动应急预案，与附近相关管线单位进行了沟通联系，并封闭了人民大街。在此过程中，端头井角撑受力很大，尤其是基坑东侧角撑，支撑一直出现较大的响声，21:30 左右，东侧第三道第四道角撑（编号 3－46、4－46）掉落。基坑北端端头井处于极度不稳定状态。经现场研究初步决定，采用往基坑灌注混凝土封闭开挖面，防止基坑被水泡软后引起桩倾覆，23:00 左右，开始泵送混凝土。6 月 14 日凌晨，端头井斜撑再次掉落两根，至此，端头井角撑除冠梁位置的混凝土角撑外，其余支撑全部掉落。5:30 左右，混凝土角撑断裂，基坑北端端头墙最终折断、侧滑（见图 16）。事故导致 1 名施工人员死亡。

图 16　基坑北侧围护桩折断向基坑内滑移

2　案例分析

发生事故后，建设单位、长春市建委和长春市安监局相继组织了相关专家根据车站的地理位置、地质情况、天气情况进行综合分析，三次专家组会议认为发生事故的主要原因如下：

事故发生前北端发生突水突泥，导致围护结构背后出现空洞，引起内支撑受力变化，导致支撑掉落，砸落下部支撑，引起内支撑体系应力重新分配，然后斜支撑受力过大，被压力挤出，导致斜支撑逐一掉落，最后引起围护桩承受不住土压力剪断。

某监测单位项目部负责该站的第三方监测工作。施工期间，施工场地内场地硬化一直未能完成，也经常发生监测点覆盖、损毁破坏的现象，经常造成监测工作的中断，对监测数据的连续性产生了很大的影响。针对这些问题，该项目部也以工作联系单的形式和各方进行联系，但均未得到有效的回应。

事故基坑北端头测斜管在围护桩打设时施工单位并未埋设测斜管，直接导致了事故基坑端头测斜数据的缺失，项目部虽然提出过以贴片形式替代测斜数据的读取，但是并未以书面形式下达。基坑端头测斜数据的缺失也影响了基坑围护结构稳定性的判断。

基坑布点示意图见图17，基坑扩大端阳角测斜时程曲线图见图18。

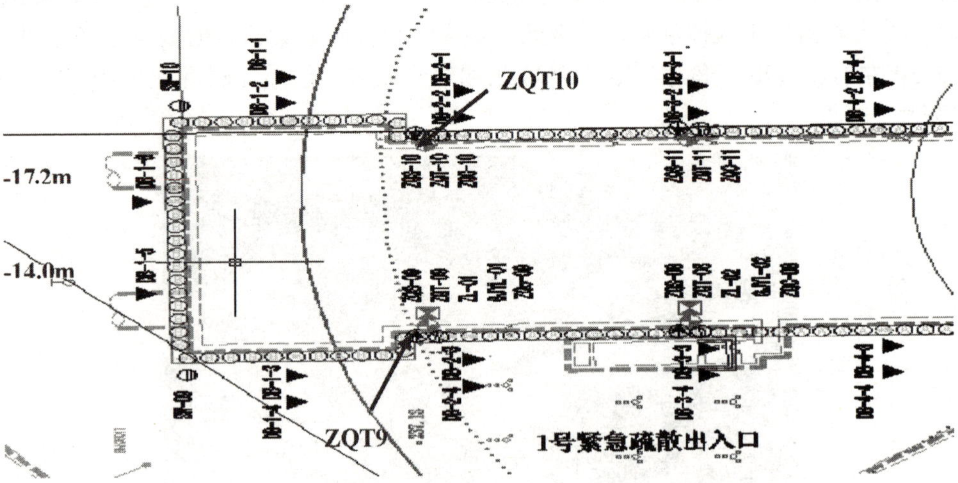

图17　基坑布点示意图及部分数据示意图

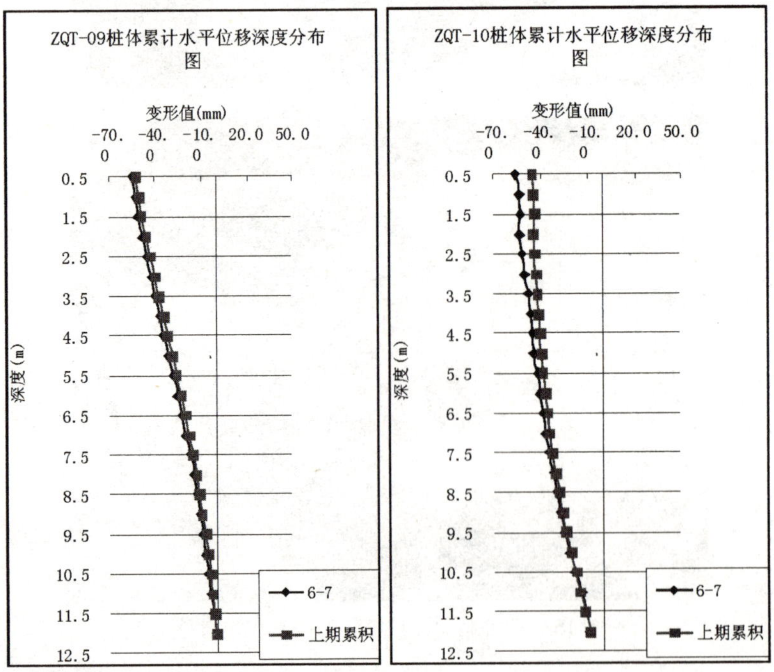

图18　基坑扩大端阳角测斜时程曲线图

另外，事故发生之前基坑长期存在渗水现象（见图19），项目部在提请长春市地铁公司领导审阅的咨询周报中（从2012年12月初第二期咨询报告至2013年4月初第十二期咨询报告中）一直提及此事，并且附有基坑端头渗水及未喷混照片，并多次当面向地铁公司相关领导汇报沟通此事，但是并未引起相关部门充分的重视。

图 19 事故基坑北端头桩间渗水结冰

3 社会影响

尽管长春市安全生产监督管理局认定此次事故为突发事故，但是，该车站位于长春市住干道人民大街和卫星路交叉处广场内，影响较大，给地铁参建各方带来了很大的压力，也造成了不良的社会影响。

4 经验总结

虽然，针对现场出现的种种问题，项目部做了一定的工作，但是仍然存在不足和需要改进的地方。主要反映在以下几点：

（1）项目部管理人员及现场监测人员安全对问题跟踪意识不强，主要反应在针对现场监测点丢失、损毁现象持续跟踪工作不完善，认为已经针对现场测点的相关情况与各方已按工作联系单的形式进行了沟通，但是对施工现场后续的改进、改正工作没有做到持续关注，没有采取进一步的跟踪措施。

（2）处理问题方式需要进一步完善，针对事故基坑巡视工作中发现的桩间渗水问题，项目部一直以咨询报告的方式向地铁公司领导汇报，并在从 2012 年 12 月初第二期咨询报告至 2013 年 4 月初第十二期咨询报告中附以每周巡视照片的形式反馈问题，也多次与相关领导以口头汇报的形式反映现场实际情况，缺少更加有利和直接的证据证明监测单位及时向业主和监理反映该问题，而应当在以咨询报告及口头汇报的前提下，及时向业主下发工作联系单反映问题。

（3）项目部在管理上存在漏洞，对遇到的问题没有跟踪处理，使得已经发现的问题没有彻底解决，存在安全风险隐患。对日常例会和项目部沟通管理不严格，使得项目部成员处于各自为政，工作没有交集的状态，也没有形成定期的例会制度，没有对日常工作中遇到的问题进行集中汇总和沟通。

5 应对措施

（1）根据长春市地铁有限责任公司要求，监测点埋设与保护工作均由施工单位负责，施工监测与第三方监测共同实施监测。

在各工点开工前，施工单位基本能按照监测方案进行测点埋设工作，监理单位、第三方监测单位共同对测点进行了验收，以保证测点埋设质量。

在工程开展过程中，各施工单位对桩顶水平位移、桩体变形、支撑轴力等项目监测点保护较好，很少出现测点被破坏现象，但建筑物沉降、工程周边地表沉降（尤其是基坑周边）、管线沉降（尤其是基坑周边）监测点保护欠佳。在监测过程中发现测点被破坏后，我项目部监测人员将及时与施工单位沟通，督促各个施工单位进行测点补设工作。

针对现场检查发现的问题，即使在之前的工作中项目部已经发出了工作联系单，要求各施工单位定期整改并及时回复，并保证现阶段测点覆盖能匹配工作面推进进度。但是，随着土建施工的推进，项目部还应继续跟踪并查验测点布设、保存等情况，以利于监测工作的安全展开。

（2）吸取教训，严格按照标准化工作的程序完善项目部工作，针对项目部第三方监测日常的工作以及现场遇到的问题，都要以积极的心态去对待，在施工现场做到“眼中有现场、脑中有意识、嘴上有交代、手上有动作”，要做到任何一项工作都有痕迹可追溯。

（3）完善项目部日常运行制度，做到项目每周召开碰头例会，项目成员相互沟通遇到的问题，集思广益。

另外，为了更好地总结每一周的工作，也是对问题的梳理，项目部制订了项目人员周小节的制度，要求每周以周小结的形式对本周工作进行总结，做到问题不疏漏，即使有疏漏也要赢得时间补救！

在此基础上，为了有效地控制项目风险，项目部制订工程主持人交叉作业的制度，不能只盯着自己的工地，要互相熟悉彼此的现场，这样在例会上讨论问题的时候才能有的放矢！

案例2：某地铁线区间违反市路政局施工管理程序的事件

1　案例描述

某地铁线区间左线盾构下穿某桥北侧异形桥17－3#桥桩，根据专项设计方案，需对桥桩进行托换后再进行穿越施工（见图20）。

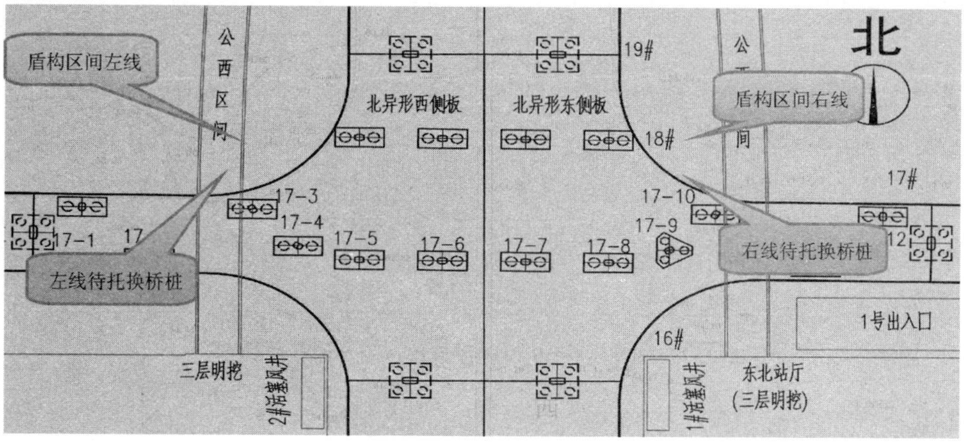

图20　盾构区间示意图

2010年10月1日，施工单位在未完全完成桥桩托换工作的情况下未通知任何单位强行穿越施工，引发违反市路政局施工管理程序的事件，路政管理单位认为第三方监测存在未及时向路政管理单位报告上报监测数据及监测预警情况。2010年11月4日，市路政局对该事件的各参建方进行了通报。

2　案例分析

在此事件过程中，经调查监测项目部正常开展了监测工作，监测数据已送达代表路政设施监管单位市公联公司相关监管人员，其中在2010年9月29日17－3#桥桩沉降达到2.1mm（预警），监测人员将该数据电话通知公联监管人员，养护单位对该处预警实际是知情的。

国庆假期期间，桥梁监测工作连续进行，10月3日左线盾构通过桥梁桥桩时人工监测进行了2次，自动化监测按半小时一次的频率进行。北异形桥17－3墩柱沉降自动化监测数据从8:30开始至10:30阶段沉降量－0.8mm，表现有沉降趋势，10:30组织人员进行人工监测，显示该点人工监测累计沉降量为－3.4mm，项目部立即将监测数据情况电话通知施工单位。之后自10:30开始至11:00，该点自动化监测数据回升0.7mm，从11:00～17:30，又回升0.4mm，自10:30～17:30自动化监测阶段累计回升1.1mm。于17:00左右组织对该点进行人工监测，显示该点人工监测累计沉降量回升至－1.8mm。自动化监测数据沉降时程变化规律如图21所示。

结合现场巡视情况以及监测数据趋势，综合分析认为17－3桥墩沉降超标为瞬时过程出现，未连续维持，瞬时数据不作为报警依据，故未对该点沉降继续发布预警。

3　社会影响

路政管理单位认为第三方监测存在未及时向路政管理单位报告上报监测数据及监测预警情况。2010年11月4日，市路政局对该事件的各参建方进行了通报。

4　经验总结

针对此情况，2010年11月2日部门及监测项目部对该情况进行了调查分析，配合市建委、安监局的调查，并于2010年11月23日、12月9日对该情况向市安监局进行了书面及当面汇报，于2010年12月20日向市安监局提交了自查报告。

经分析，第三方监测方存在主要问题有：

（1）对市交通委路政局下发的《地下工程穿越交通设施安全监管办法》等政府文件学习不够。

（2）未积极主动与监管单位沟通。

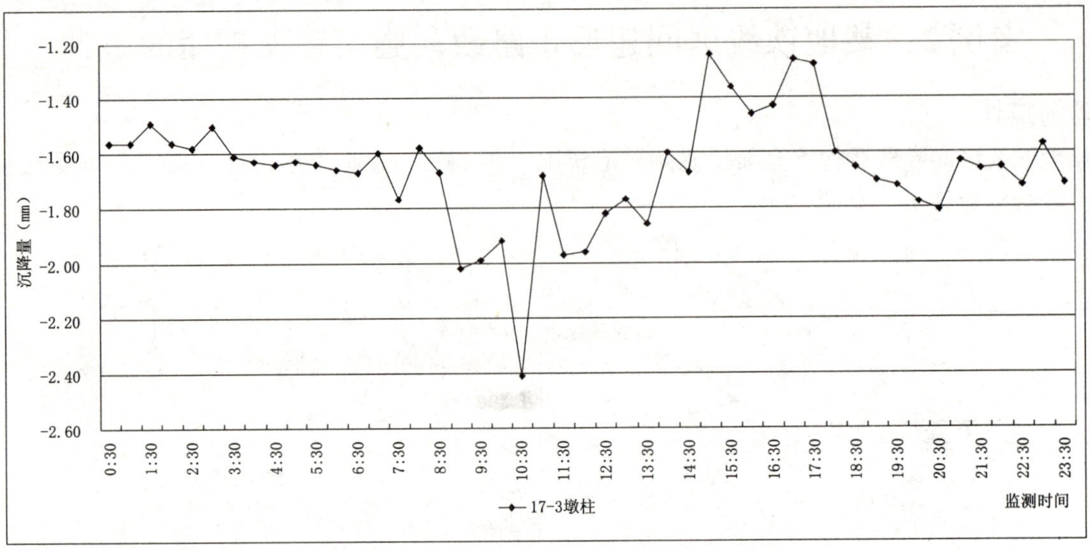

图21　17－3墩柱10月3日自动化监测时程曲线图

5　应对措施

（1）组织各监测项目从事第三方监测工作的人员对此事进行了通报，并组织深入学习相关政策、文件。

（2）当监测对象中有特殊产权管理方时，监测项目组应加强与产权单位及监管单位的沟通，特别是对于违反政府管理条例的施工应加强沟通意识，避免因违规施工引起的对第三方监测工作的误解。

（3）加强节假日的监测工作管理，及时发现因个别施工单位节假日的违规施工造成的安全风险发生。

（4）监测项目严格按预警管理要求向监管单位报送书面预警资料，保留有效书面证据。

案例3：某地铁大断面暗挖区间管线爆裂致地面塌陷事故

1 案例描述

2014年9月30日凌晨3:30，某地一区间暗挖段（大断面渡线）2#竖井向小里程（西）方向左线1号导洞上方地面发生塌陷事故（见图22）。坍塌区域约10m×8m，坍塌因污水管线渗漏诱发周围土体沉降，导致临近上水管爆裂后冲刷土体造成，事故未造成人员伤亡。

图22 地面塌陷事故图

2 案例分析

本次地面塌陷事故是一场典型的外因引起但未得到人为控制的质量安全事故，其主要原因是施工单位施工不当造成。施工现场安全巡视发现暗挖施工过程中右上导洞拱脚过早悬空，延长了封闭成环时间，封闭不及时造成拱顶持续变形得不到控制（见图23）；施工过程中左上导洞还曾发生小塌方，塌方造成拱顶上部土体损失，使得上部土体产生变形（见图24）；同时施工过程中左上导洞开挖过程中核心土留设不规范且存在拱顶渗漏水，施工带水作业，渗漏水得不到有效控制使得上方沉降加剧（见图25）；临近坍塌几天前发现上导拱架出现拱脚悬空（见图26）；上导下台阶拱腰存在两榀一支现象（见图27），支护不当造成沉降进一步加剧发展。

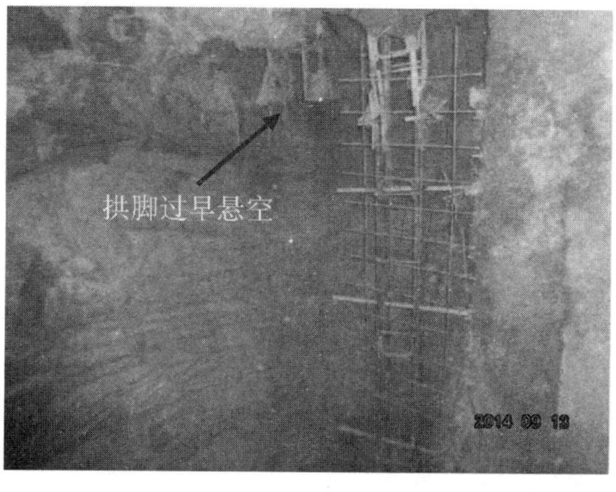

图23 拱脚过早悬空延长封闭时间

图24 处理上导洞塌方

图 25　拱顶渗水带水作业

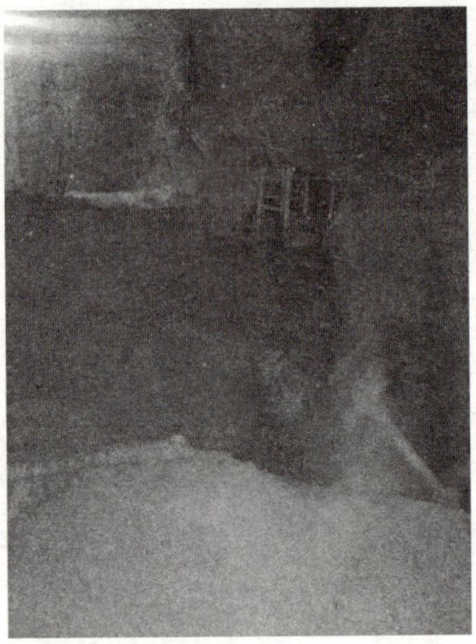

图 26　拱脚悬空

图 27　两榀一支

监测单位分别于 9 月 22 日和 9 月 29 日发布监测预警，并在系统平台上传巡视风险信息，9 月 19 日各方就预警问题召开预警响应会，会后该区域沉降趋势未得到有效控制，施工方未采取有效措施控制沉降发展，最终导致塌陷事故发生（见图 28、图 29）。

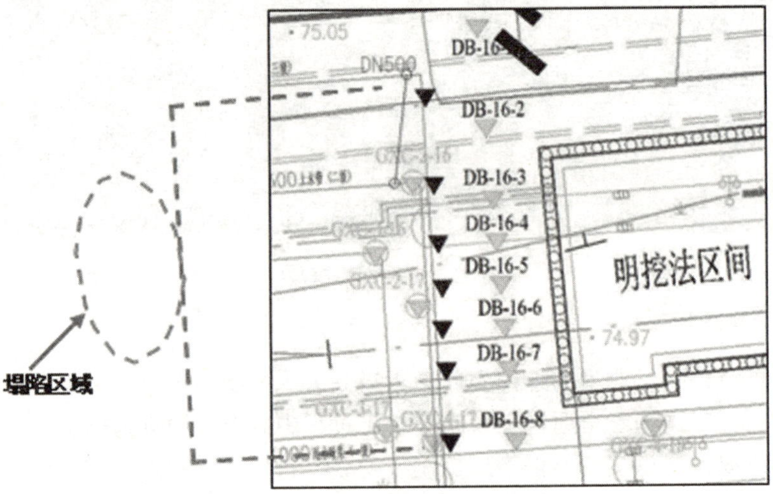

图 28　监测布点示意图

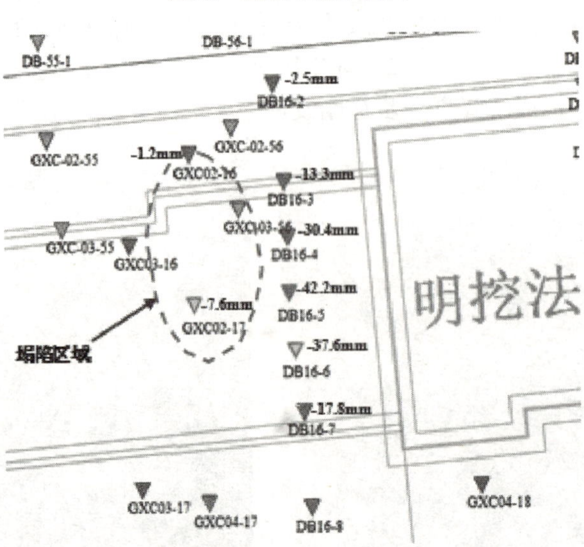

图 29　监测数据分布图

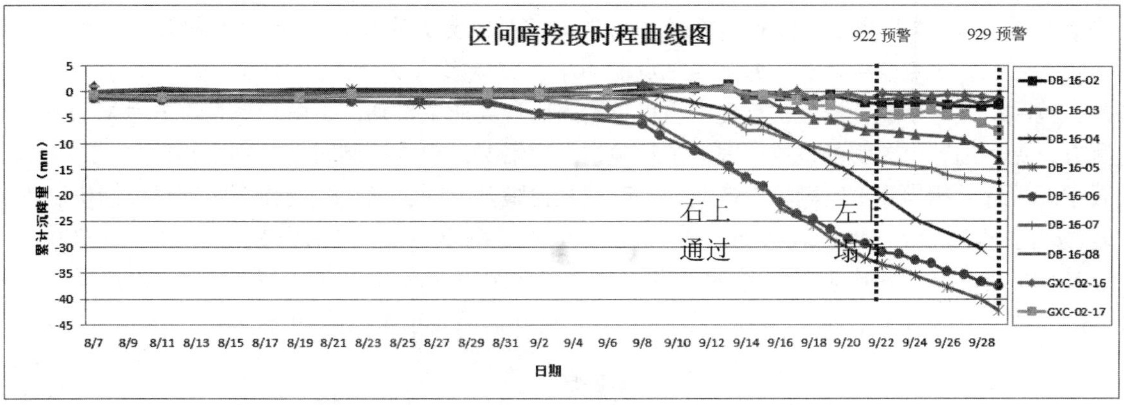

图 30　监测时程曲线图

3　社会影响

该事故地段处于市区主要道路辅路位置，塌陷位置临近车站围挡附近，无机动车交通行为发生，且塌陷发生时间在凌晨，故塌陷事故未对现场交通造成影响，无人员伤亡。事故发生后抢险单位及时调拨并安装新围挡，事故现场未直接暴露，尽可能地降低了社会影响（见图 31、图 32）。

图 31　塌陷区域临近围挡

图 32　围挡安装控制社会影响

4　应急响应

在当日凌晨4: 14 监测单位接到事件通知后立即按照监测方案中应急响应流程处理。抢险小组由项目负责人带队，工点监测负责人通知该工点监测小组成员紧急集合，仅用15 分钟全组成员7 人全部到场投入抢险。应急小组到场后，首先由项目负责人向现场业主报到，了解现场情况并针对事故区域提出监测方意见，内容包含明确事故原因、了解险情发展情况、预估控制时间、划定危险区域、对现场测点损毁情况统计并指导施工监测单位恢复、临时建立抢险基准网、确定监测频率及临时反馈机制等。

现场抢险监测于5: 30 正式进行，补设测点6 个（砸钢钉），之后分别于6: 00、6: 30、7: 00、8: 00、10: 00 共进行了6 次监测，给水管阀门于6: 30 关停，坍塌区域经两次小塌陷后最终发展至10m×8m范围，深度至暗挖区间拱顶，危险区域外施测结果显示未发生明显下沉，坍塌范围没有继续扩大。

在本次抢险处置中，总结以下几点应特别注意：①日常应有应急物资储备，对于监测来说主要有应急灯、强光手电、反光背心、单人警示标志、椎筒、喷漆、对讲机等；② 定期对组员进行应急抢险教育并对应急物资进行检查；③ 到达现场主动联系业主，因为第三方监测代表着业主，以业主为中心尽心尽力服务业主；④ 应急现场服从指挥，组员服从组长，组长服从项目负责人，项目负责人服从业主，并做到不冒险、不逞能、不讲个人英雄主义，沉着冷静对待抢险事件；⑤ 抢险过程中注意保密，不该说的不说，不授权的不发表意见，控制事件信息扩散造成负面影响。

5　经验总结

（1）施工单位在暗挖施工过程中封闭不及时、拱脚悬空、两榀一支、带水作业、核心土留设不规范及应急不当等违规问题是造成地面沉降发生并最终导致管线破裂地面塌陷的主要原因。

（2）在当前一榀拱架未完成喷护前露出且悬空下一榀拱架拱脚或两榀一支现象，会造成拱架暴露时间过长，未遵循早封闭原则，其造成的拱架下沉直接导致拱顶上方土体沉降。

（3）暗挖带水作业过程中，水从土体中渗出，其本身夹带土颗粒连同水本身会造成土体体积损失，诱发地面沉降发生。

（4）监理单位在日常巡查中未发现现场施工问题，预警发生后未能够及时响应并监督施工单位落实整改，没有严格按照轨道公司规定流程进行测点验收。

（5）监测点挪移未征得设计单位书面同意，测点验收环节存在把关不严。

（6）本次事故管线测点未能够随地表同步下沉，原因为管线布点临近管线井室，这通常是认为有必要的，但在本次事故中恰恰因为井室与周边土体形成不均质体，造成土体下沉但井室周边未发生明显沉降，造成管线下沉不明显的假象。

6　应对措施

（1）施工单位在施工过程中应保证各暗挖工序严格按照设计文件执行，暗挖施工应杜绝封闭不及时、拱脚悬空、两榀一支、带水作业、核心土留设不规范及应急不当等违规问题发生。

（2）施工单位应积极处理现场风险隐患及预警，对风险管理应做到足够重视，当风险识别后，应由项目技术负责人制定风险处理处置方案并积极落实整改。

（3）监理单位应加强现场质量管理，增强对现场风险的识别、处置与管理，对各方提出的风险信息提示及预警应积极及时响应落实。

（4）监测单位应严格按照设计及方案要求进行监测，加强监测人员的技术和安全培训，提高监测技术水平，增强安全风险意识。当测点发生位置变更后（管线测点超过0.5m，地表沉降测点超过1m），立即以书面形式进行反映直到各方均明确并认可变更，否则一律按设计及方案执行。

（5）对于地下管线监测点临近井室的，应尽量做到井室及管线同时布点，遇到开挖方向与管线垂直且上方穿越管线井室的应特别注意井室本身对周边土体变形的影响。

案例4：北京某大街某号坍塌事故

1　案例描述

2015 年 1 月 24 日凌晨 2:30 左右，北京某大街某胡同西口，北向南的外侧车道及部分人行道路面发生塌陷，形成一个面积 15m×10m×8m 左右的大坑（见图 33～图 35）。24 日中午，塌陷处民宅正房与北侧 4 间房屋先后倒塌并陷入大坑之中，造成市政排水管线断裂、交通管制。临近的一座四层建筑和一座三层建筑的部分墙体已经开裂，所幸未造成人员伤亡和车辆损失。事故发生后，西城区第一时间启动应急响应，各路抢修队伍及时进行抢险作业，并委托第三方监测单位开展 24 小时连续监测。24 日 16:00 到 25 日凌晨 4:00，近 2000 方混凝土被填进了深坑，周边建筑物监测数据稳定。25 日 20:00 左右，监测数据显示，临近的四层建筑沉降速率加大，达 1.6mm/h，随后该楼临近塌陷侧一楼外墙发生大面积掉落，应急小组继续进行深坑内基础作业面填充，直至周边建筑物监测数据稳定。

图 33　现场坍塌大坑

图 34　现场房屋坍塌

图 35 现场房屋坍塌

2 案例分析

（1）直接原因。

北京某大街某号院业主李某在没有地下室规划、审批和施工手续的情况下，私挖深度接近 18m 的 5 层地下室，导致紧邻某大街这一段出现塌陷。该地下室工程没有设计图、施工图和监理方，施工队不具备相关资质，是造成事故的直接原因。

（2）间接原因。

私挖乱建监管难度大，是导致事故发生的间接原因。

在低密度住宅区、四合院内私挖地下室已经不是个别现象，在楼房小区内私挖地下室的情况也时有出现，严重威胁了公共安全。2010 年 10 月就曾有媒体报道，该大街该号，因施工发生事故造成三人死亡。原房主姓张，后来房子几经倒手，现房主从一年多前就又开始施工，竖起围挡，挖地下室。2014 年 7 月，街道办事处和城管都接到了附近居民电话，反映房主李某正在偷着下挖地下室。相关部门经办人立刻到现场查看，拍摄了照片，并约谈了业主。当时，产权人承认存在私挖地下室，并表示会根据要求改正此后，93 号院的大门就被紧紧关闭起来，邻居不再信访，李某也没有再露过面，直至本次事故爆发。

3 社会影响

北京市西城区某大街某号先后发生两次大规模塌陷，周边建筑、地下管线损毁严重，该大街交通中断，导致周边 5 户 27 位居民无家可归，给社会和周边居民造成重大损失。同时，由于事故的特殊位置（临近宋庆龄故居和德胜门）和房主自身身份（江苏省人大代表），媒体等舆论反映强烈，成为轰动全国的负面事件。

（1）施工单位及相关人员责任。

事故发生后，当地公安机关将正在地下结构现场施工的 5 人控制。该施工队不具备地下结构施工资质，未按照施工和设计方案组织基坑支护体系施工，对基坑事故部位支护体系存在的质量缺陷监督检查不到位；未对地下室支护体系及工程周边环境实施有效监测，施工监测数据长期缺失断档；基坑出现险情后，未按照规定及时停止施工作业；未及时应对基坑东侧地表长期载荷过重的事故隐患，其行为违反了《建设工程质量管理条例》第 28 条、《城市轨道交通工程安全质量管理暂行办法》第 40 条、《建筑工程预防坍塌事故若干规定》第 16 条、《建筑基坑支护技术规程》第 3.7.5 条的规定，对事故发生负有直接责任。依据《中华人民共和国刑法》的规定，由公安机关依法追究相关施工人员、施工队负责人刑事责任。同时，由建设行政主管部门依法吊销执业资格。

（2）房主责任

2015 年 2 月 17 日，北京市西城区人民检察院以涉嫌重大责任事故罪，对由北京市公安局西城分局立案侦查并提请批准逮捕的犯罪嫌疑人李宝俊依法做出批准逮捕决定，公安机关将对此案继续开展侦查工作。

2015 年 1 月 31 日下午，徐州市人大常委会代表资格审查委员会接到泉山区人大常委会关于接受李宝俊辞去徐州市第十五届人大代表职务请求决定的报告后，已经确认其报告合法有效。李宝俊的人大代表资格终止。

李宝俊作为某大街某号院房主，违反北京市规划委颁发的工程规划许可证（范围只包括地上一层，没有包括地下室），私自开挖地下室，并且在基坑出现重大险情的情况下，未按照《建筑基坑支护技术规程》第 3.8.8 条和建设单位《土建工程监控量测管理办法》第 24 条的规定，督促施工单位停止施工。其行为违反了《建设工程安全生产管理条例》第 7 条的规定，对事故发生负有主要责任。

4　经验总结

北京市西城区某大街某号发生塌陷事故后，相关管理部门及时启动了应急预案，并对周边环境实施 24 小时不间断监测。该事件现场应急响应流程图如下：

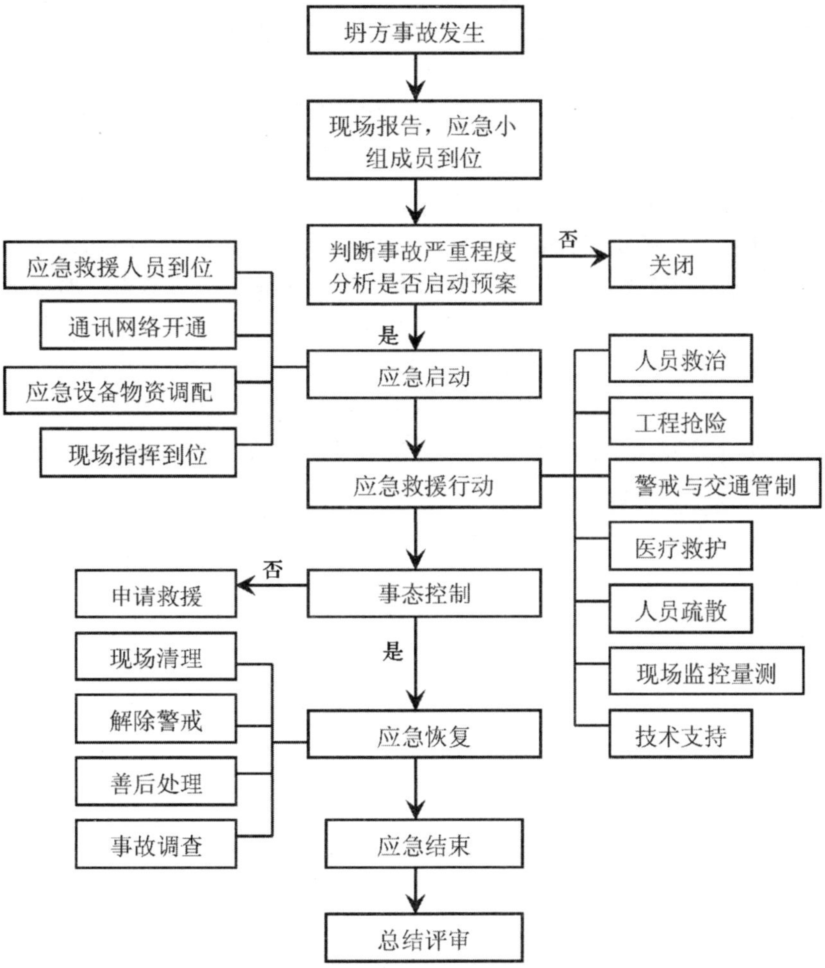

图 36　应急响应流程图

事故发生 3 天后，经过应急抢险作业，第三方监测数据显示该塌陷处周边建筑沉降稳定，无进一步变形趋势。待有关部门查清事故真相、处理相关责任人之后，勒令肇事者对周边环境进行恢复，并开展赔偿工作。

5 应对措施（针对可能的项目风险提出应对措施，完善项目风险管理工作）

北京市西城区某大街某号院发生塌陷事故是一起轰动全国的工程事故。在本工程抢险过程中，第三方监测单位发挥了极其重要的作用。现将第三方监测单位在工程应急抢险的应对措施总结如下：

（1）组织应对措施。

1）应急小组组长：负责全面指挥、协调和调度工作；协助业主制订抢险方案。

2）应急小组技术总工：负责协助组长制订抢险监测方案；组织安排协调应急监测组进行现场应急监测、数据分析报送组进行监测数据分析及报送；组织安排协调应急监测工作的后勤保障及安全保障。

3）应急监测组：负责组织人员及仪器设备等，按照制订的抢险监测方案进行及时、准确的现场应急监测工作。

数据分析报送组：负责根据应急监测组反馈的监测数据，结合现场巡查情况，进行具体数据分析与数据报送工作。

4）后勤保障组、安全保障组：负责应急监测人员的生活保障、食宿安排、办公用品、通信工具及安全交底、安全防护用品补给、医疗救护等保障工作。

（2）技术应对措施

应急抢险现场环境复杂，甚至危及人身安全。第三方监测单位必须大力发展非接触监测技术，积极储备若干套技术成熟可靠的非接触监测技术，做到招之即来，来之能战。目前，较成熟的非接触监测技术如下：

1）RTS（自动全站仪、测量机器人）为代表现代测量技术，可以通过免棱镜测量实现非接触式测量，并通过通信系统实现实时自动测量。

2）激光雷达 LIDAR（Light Detection and Ranging）是通过发射红外激光直接测量雷达中心到地面点的一项技术，它通过角度和距离信息，同时获取地面点的三维数据。激光雷达最大特点是不需要任何测量专用标志，直接对地面测量，能够快速获取地形高密度的三维数据，所以又称三维激光扫描技术。根据承载平台不同，激光扫描技术又分机载三维激光扫描、车载三维激光扫描、站载三维激光扫描，其中的车载型和站载型属于地面三维激光扫描，非常适合工程应急抢险。

3）近景摄影测量技术，利用对物距不大于 300m 的目标物摄取的立体像对进行的摄影测量，并通过专业分析软件计算所量测目标的变形情况，实现了对物体的非接触高精度监测。

案例5：北京地铁某线一期工程某站事故

1 案例描述

2010年7月14日16时42分左右，中铁隧道集团有限公司在北京地铁某线某站基坑施工过程中，基坑东北角钢围檩及钢支撑坠落（见图37），造成基坑底部施工作业人员2人死亡、8人受伤。

图37 钢围檩及钢支撑坠落事故图

2 案例分析

（1）直接原因。

违章指挥冒险施工、基坑钢支撑（尤其是斜撑）施工不符合设计要求，是造成事故的直接原因。

1）从7月11日发现地面沉降到7月14日事故发生，施工、监理、监测等单位均违反有关规定，在基坑存在明显事故隐患的情况下，施工单位仍指挥工人冒险作业抢做底板垫层。

2）事故部位基坑钢支撑支护体系施工质量存在严重缺陷。

（2）间接原因。

基坑施工相关各方管理不到位，是导致事故发生的间接原因。

1）施工管理存在严重缺陷。施工单位对基坑事故部位支护体系存在的质量缺陷监督检查不到位；对监测数据长期的缺失、断档，未采取有效措施；基坑北侧地表长期堆土和停放重型机械设备、基坑载荷过重的事故隐患未排查整改；基坑出现险情后，未按照相关要求及时停止施工作业。

2）施工监理不到位。监理单位对未按照设计方案施工的基坑钢支撑结构体系没有实施有效监督和现场验收；对基坑北侧载荷长期超限以及部分监测点的监测数据长期缺失、断档等隐患未实施有效监理；在基坑地面出现凹陷、裂缝、渗水和监测数据超红色预警值等危险情况后，未按规定下达停工指令、组织专家论证。

3）监测管理存在严重缺陷。监测单位未按照监测方案要求对钢支撑轴力、基坑北侧桩体水平位移实施监测，在长达50天的时间内缺失基坑北侧地表沉降监测数据；7月12日，基坑地表沉降值和沉降速率均超过红色预警值的情况下，第三方监测单位未发布红色监测预警信息，未能严格落实监测数据报告和审核制度在事发当日桩顶位移、地表沉降速率和钢支撑轴力等监测数据发生急剧变化后及时报送参建各方。

4）建设单位在基坑地表沉降值和沉降速率均明显超过红色预警值，以及地面出现裂缝的危险情况下，未督促监理单位下达停工指令。

3 社会影响

（1）施工单位及相关人员责任。

1）中铁隧道集团有限公司北京地铁某线07标段项目经理，作为该项目部主要负责人，负责该项目部安全生产的全面工作，在明知基坑出现重大险情情况下，未能及时消除隐患，而是继续组织人员冒险施工，其行为违反了《建筑基坑支护技术规程》（DB 11/489—2007）第3.8.8条和建设部关于《建筑工程预防坍塌事故若干规定》（建质〔2003〕82号）第16条的规定，对事故发生负有直接责任。依据《中华人民共和国刑法》的规定，由公安机关依法追究其刑事责任。同时，由建设行政主管部门依法吊销其执业资格。

2）中铁隧道集团有限公司北京地铁某线07标段项目副经理兼一工区（顺义站）主任，作为顺义站一工区施工现场负责人，全面负责该工区的施工安全和管理工作，在基坑出现重大险情，应当立即停止施工的情况下，仍然带领工人冒险施工。其行为违反了《建筑基坑支护技术规程》第3.8.8条和建设部关于《建筑工程预防坍塌事故若干规定》（建质〔2003〕82号）第16条的规定，对事故发生负有直接责任。依据《中华人民共和国刑法》的规定，由公安机关依法追究其刑事责任。

3）中铁隧道集团有限公司北京地铁某线07标段项目技术员，作为基坑支护体系施工的现场技术员和质量员，未按设计方案及施工方案要求对基坑钢支撑支护体系进行现场验收，对事故发生负有直接责任。依据《中华人民共和国刑法》的规定，由公安机关依法追究其刑事责任。

4）中铁隧道集团有限公司北京地铁某线07标段项目总工程师，作为该标段的技术主要负责人，全面负责技术管理工作，对基坑支护体系存在的质量缺陷和施工监测管理不到位；在基坑地表沉降等监测数值超过红色预警值的情况下，未提出停止施工的建议，对事故发生负有主要技术领导责任。建设单位责成中铁隧道集团有限公司给予其撤销总工程师职务的处分。

5）中铁隧道集团有限公司北京地铁某线07标段项目部工程部长，全面负责工程管理和监测数据的收集、整理、分析工作，对基坑支护体系施工过程中存在的质量缺陷监督检查不到位；未对基坑施工监测数据和监测单位实施有效管理；在基坑地表沉降等监测数值超过红色预警值的情况下，未提出停止施工的建议，对事故发生负有重要管理责任。建设单位责成中铁隧道集团有限公司给予其撤销工程部长职务的处分。

6）中铁隧道集团有限公司主要负责人，在本单位组织的对北京地铁某线07标段项目部定期安全督查和巡查工作过程中，没有发现和督促整改基坑支护体系质量缺陷，也没有发现项目施工监测管理混乱、基坑北侧长期超载荷堆土和停放重型机械设备等生产安全事故隐患。其行为违反了《中华人民共和国安全生产法》第17条第4项的规定，对事故发生负有领导责任。依据《生产安全事故报告和调查处理条例》第38条第1款的规定，由安全监管部门给予其上一年度收入30%罚款的行政处罚。

7）中铁隧道集团有限公司未按照施工和设计方案组织基坑支护体系施工，对基坑事故部位支护体系存在的质量缺陷监督检查不到位；未对基坑支护体系及工程周边环境实施有效监测，施工监测数据长期缺失断档；基坑出现险情后，未按照规定及时停止施工作业；未及时消除基坑北侧地表长期载荷过重的事故隐患，其行为违反了《建设工程质量管理条例》第28条、《城市轨道交通工程安全质量管理暂行办法》第40条、《建筑工程预防坍塌事故若干规定》第16条、《建筑基坑支护技术规程》第3.7.5条的规定，对事故发生负有主要责任。依据《生产安全事故报告和调查处理条例》第37条第1项的规定，由安全监管部门给予其19万元罚款的行政处罚。同时，依据住房城乡建设部《建筑施工企业安全生产许可证管理规定》（建设部128号令）第23条、《建筑施工企业安全生产许可证动态监管暂行办法》（建质〔2008〕121号）第12条、第14条和市住房城乡建设委《北京市建设工程施工现场生产安全事故及重大隐患处理规定》（京建施〔2009〕889号），由建设行政主管部门暂停其在北京市建筑市场投招标资格60天；并将其违法事实函告河南省建设行政主管部门，建议暂扣其安全生产许可证30天。

(2) 监理单位及相关人员责任。

1) 北京逸群工程咨询有限公司总监理工程师，全面负责北京地铁某线07标段的监理工作，在基坑出现重大险情的情况下，未及时下达停工指令并组织专家论证，提出解决方案，其行为违反了《建设工程安全监理规程》(DB 11/382—2006) 第6.1.5条和建设单位《土建工程监控量测管理办法》第24条的规定，对事故发生负有直接监理责任。依据《中华人民共和国刑法》的规定，由公安机关依法追究其刑事责任。同时，由建设行政主管部门依法吊销其执业资格。

2) 北京逸群工程咨询有限公司驻地监理组组长，具体负责北京地铁某线07标段顺义站的监理工作，未认真履行监理职责，在基坑支护体系施工不符合设计和施工方案的情况下，未按照《建设工程安全监理规程》(DB 11/382—2006) 第4.2.4条第5项的规定到现场进行验收审查。其行为违反了《建设工程安全生产管理条例》第14条第3款的规定，对事故发生负有直接监理责任。依据《中华人民共和国刑法》的规定，由公安机关依法追究其刑事责任。同时，由建设行政主管部门依法吊销其执业资格。

3) 北京逸群工程咨询有限公司现场监理员，未认真履行监理职责，在基坑支护体系施工不符合设计和施工方案的情况下，违反《建设工程安全监理规程》(DB 11/382—2006) 第4.2.4条第5项的规定，在施工现场验收时未严格审查基坑支护施工质量即同意验收。其行为违反了《建设工程安全生产管理条例》第14条第3款的规定，对事故发生负有直接监理责任。依据《中华人民共和国刑法》的规定，由公安机关依法追究其刑事责任。

4) 北京逸群工程咨询有限公司监理职责履行不到位，在基坑支护体系出现重大险情的情况下，未要求施工单位停止施工并对事故隐患进行整改；对施工单位基坑支护体系施工现场验收的审查不到位；在基坑北侧布置的6个监测点长期被掩埋的情况下，未能督促施工单位采取措施，重新布置监测工作。其行为违反了《建设工程安全生产管理条例》第14条第2款、第3款和《城市轨道交通工程安全质量管理暂行办法》第54条的规定，对事故发生负有重要责任。依据《生产安全事故报告和调查处理条例》第37条第1项的规定，由安全监管部门给予其15万元罚款的行政处罚。同时，依据市住房城乡建设委《北京市建设工程施工现场生产安全事故及重大隐患处理规定》(京建施〔2009〕889号) 的规定，由建设行政主管部门暂停其在北京市建筑市场投招标资格60天的行政处罚。

(3) 第三方监测单位及人员的责任。

1) 北京勤业测绘科技有限公司第三方监测组现场负责人，负责北京地铁某线07标段顺义站的第三方监测工作，未认真落实7月13日和7月14日项目参建各方会议加强监测频率和监测报告的要求，在7月14日12:00至16:42事故发生期间，支撑轴力急剧减少且基坑地表沉降及桩顶位移等监测数值超过红色预警值的情况下，没有发出红色预警信息，对事故发生负有直接责任。依据《中华人民共和国刑法》的规定，由公安机关依法追究其刑事责任。

2) 北京勤业测绘科技有限公司副总经理，负责北京地铁某线07标段顺义站的第三方监测工作，审核第三方监测组的监测数据分析结果，决定是否向项目参建各方发出红色预警信息。在7月12日至13日期间基坑地表沉降及桩顶位移等监测数值超过红色预警值后，未发出红色预警信息，对事故发生负有直接责任。依据《中华人民共和国刑法》的规定，由公安机关依法追究其刑事责任。

3) 北京勤业测绘科技有限公司在7月12日基坑出现重大险情应当发出红色预警信息的情况下，未及时向参建各方发出红色预警信息；7月14日向建设单位提供的监测数据分析结论严重错误；违反规定承担了同一工程项目的第三方监测和施工监测；项目监测人员数量不能满足监测工作的需要，施工现场项目监测管理混乱。其行为违反了《城市轨道交通工程安全质量管理暂行办法》第64条第2款、第58条第2款、第61条的规定，对事故发生负有重要责任。依据《生产安全事故报告和调查处理条例》第37条第1项的规定，由安全监管部门给予其15万元罚款的行政处罚。

(4) 建设单位、设计单位及相关人员责任。

1) 北京东直门机场快速轨道有限公司安全质量监察室主任，作为7月14日会议主持人，在基坑出现重大险情的情况下，违反规定未提出停止施工的要求，对事故发生负有重要责任。责成北京东直门机场快速轨道有限公司给予其记大过处分。

2）北京东直门机场快速轨道有限公司副总经理，主管本单位安全质量工作，在基坑出现重大险情后，对其单位安全质量监察室主任未督促监理单位下达停工指令的行为失管失察，对事故发生负有一定的领导责任。责成北京东直门机场快速轨道有限公司给予其警告处分。

3）北京东直门机场快速轨道有限公司在基坑出现重大险情的情况下，未按照《建筑基坑支护技术规程》第3.8.8条和建设单位《土建工程监控量测管理办法》第24条的规定，督促施工单位停止施工。其行为违反了《建设工程安全生产管理条例》第7条的规定，对事故发生负有一定的管理责任。依据《建设工程安全生产管理条例》第55条第1项的规定，由建设行政主管部门给予其48万元罚款的行政处罚。

4）北京市市政工程设计研究总院在基坑地表沉降监测数据超过红色预警值的情况下，未在参建各方参加的会议上提出停止施工的意见，未严格落实住房城乡建设部、国家安全监管总局等7部门《关于加强重大工程安全质量保障措施的通知》（发改投资〔2009〕3183号）对设计单位“驻场设计服务”以及“对施工安全提出具体的要求和措施”的要求。由市安全监管局给予其全市通报批评。

4 我单位参与应急抢险过程

某站恢复施工监测工作为本项目监测工作的重点，2011年7月14日我方应快轨公司邀请参加了该站抢险工作后，受快轨公司委托承担顺义站恢复施工后的第三方监测工作；当时顺义站主体基坑换乘段进行混凝土反压超灌部分的剔除，基坑东侧底板已完成，正在进行侧墙施工，西侧底板已完成，但桩后土体受到剧烈扰动应经产生破坏，锚索锚固土体部分可能已经产生滑移，基坑处于危险状态，通过各种监测手段及时向参建各方反馈信息并判断其安全状态尤为重要。

在基坑处于失稳情况下，我单位抢险项目部根据现场实际情况紧急制定监测方案，并在施工过程中适时加以补充，做到动态施工、动态监测，针对围护结构关键部位采取自动化监测手段进行实时不间断监测，并启动应急信息反馈机制，向参建各方即时反馈监控信息，通过数值模拟、监测数据验证等手段综合分析锚索锚固有效性情况，同时在后续施工各个风险节点约请专家进行现场咨询活动，对基坑的安全状态进行评价，对施工、监测工作进行指导，不仅使监测工作顺利实施，为参建各方提供了真实、准确的监控信息，而且对现场安全状态进行了有效的管控，规避了重大风险事故的发生，为今后类似工程监测提供了经验参考。

完成抢险工作后，我院应建设单位的要求接替原第三方监测单位的工作，直至该段工程顺利完工，期间通过我院的精心监测咨询服务，多次规避风险事件，为工程的顺利实施提供了安全保障，我院获得参建各方的好评。

5 经验总结

（1）建设单位应建立完整的风险管理体系和预警报送、处理流程，并严格监管执行，委托专业的监测单位实施第三方监测，并确保其与施工、监理单位无隶属、利益关系。

（2）施工单位在发现风险预兆后应严格执行上报流程，在各方参与下对险情、隐患进行分析、排查，而非加快底板垫层施工，盲目推进进度以期规避风险。

（3）监测工作的关键在于严格执行方案。

首先，必须做好监测点的保护，对破坏的监测点及时修补，无条件修补时则应选择合理的替代措施。

其次，必须按照方案规定的范围和频率进行监测、巡视，保证监测数据、巡视信息的连续性，必要时须加密频率，实时调整监测范围和监测项目。

再次，必须保证监测数据信息的真实性和信息报送的及时性，并对监测数据信息进行综合分析，适时向参建各方发出预警通报。

6 应对措施

（1）施工措施：

1）减少基坑周边重载，按照设计、方案要求埋设监测点，并做好监测点的保护；

2）严格按图施工，如斜撑施工应按照设计图纸设置抗剪蹬，在围护结构变形较大的情况下应及时增设对撑。

3）发生风险预兆时应综合分析或组织专家论证，采取合理处理措施，切勿盲目抢险。

（2）监测手段：

1）合理布设监测点，做好测点保护，当测点破坏无法恢复时应提出替代措施，严格执行监测方案，保证监测数据的连续性，如本案例应按照原方案设置支撑（尤其是斜撑）轴力监测点，换乘段测斜管破坏后应立即采取补救措施，例如可在围护结构侧壁设置反射面，使用全站仪监测围护结构侧壁的变形情况，或者补设土体测斜，对于基坑换乘段北侧地表沉降监测点压占情况应督促施工单位尽快清理，必要时请建设单位协调，同时加强巡视。

2）应重视对监测成果的分析，如本案例由于换乘段北侧地表沉降和围护结构变形较大，应综合分析变形数据与锚索拉力数据，并对换乘段北侧地层进行雷达探测，以确定北侧锚索锚固区域土体有无滑坡情况或趋势。

3）加强现场巡视工作，作为监测手段的有益补充，如本案例应在基坑换乘段北侧地表沉降压占的情况下应通过现场巡视发现周边地表的沉陷情况，从而可以在早期发现异常，为采取有效施工措施赢得时间。

4）务必及时报送预警信息并确保真实有效性，如本案例7月12日地表沉降出现红色预警后应立即报送各参建单位，并结合桩顶水平位移、锚索拉力数据进行分析，以及时制订有效措施，避免风险事故的发生。

案例 6：某地铁盾构区间进洞坍塌事故

1　案例描述

2014 年 7 月 31 日 11 时许，在位于某地地铁车站施工现场，施工单位正在进行盾构机进洞施工，端头井对应洞门钢环加固位置出现渗漏点（见图 38）。其上方对应为某河流，河水沿地下裂缝涌入已建好的地下地铁车站。

图 38　现场沉陷部位图

2　案例分析

某单位施工的区间盾构和另外一家施工单位施工的盾构区间在同一车站进洞，对方的盾构区间刚刚贯通，盾构机停留在地铁车站尚未吊出（见图 39）。

图 39　盾构区间情况

事故导致对方施工单位的盾构机全部被倒灌至地铁车站的河水淹没。图 40 为已经贯通的区间隧道被水淹没的情况。

因监测点占压，施工监测及第三方监测在渗漏水发生之前没有观测到此区域地表沉降的异常变化。施工单位没有按规定要求晚上安排专人在基坑下进行巡视值守，领导带班制度没有落实到位，导致渗漏水发现不及时，当发现渗漏水时已对周边环境造成较严重的影响，施工单位对事故发生负有重要责任。

图 40　隧道被淹没情况

3　社会影响

此车站盾构井附近地面范围较空旷，且加之渗漏水事故发生在地铁车站，周边闲杂人员较少，人员撤离及时，未造成人员伤亡。

事故现场处（见图 41）市区某中心大楼附近，河道出现较大沉陷，周边道路全部封锁，对地铁施工造成了一定的恶劣影响。

图 41　现场照片

现场抢险时消防、武警等部门用编织袋装沙土、组建人墙等方式，堵截河水，防止更多的水流入地铁施工现场。下图可以看到消防武警官兵筑成人墙，用沙包等抢险物质堵住河道的河水，防止其继续流入地铁车站。

4　经验总结

（1）监测应密切关注施工措施是否到位，及时梳理工作，采取有针对性的预防措施，如加强巡视工作，早期预警。如本案例事故主要反映出施工没有完全按照既定的施工措施进行施工，前期对进洞段的注浆加固效果不佳。在盾构进洞前就发现洞门圈附近有渗漏情况，在进行注浆处理后未能完全封闭渗漏通道，导致事故的发生。

（2）一定要保护好监测点，保证监测数据的连续性。本案例因监测点占压，施工监测及第三方监测在渗漏水发生之前没有观测到此区域地表沉降的异常变化。

（3）加强对盾构进出洞程序的管理。对于仍旧存在安全隐患较大的工点，监测单位应坚持意见，报告监理暂停其进出洞命令的签发。

（4）通过专家会的模式对存在风险较大的工点进出洞进行细致的工作安排。对于抢险应急措施应列为施工措施的重点内容，监测工作应有对应预案。

5　应对措施

（1）严格按照合同和监测方案要求进行监测，在监测过程中加强巡视记录，异常时下发专项联系单，尽到合同要求的义务。

（2）加强监测人员的技术和安全培训，提高监测技术水平，增强安全风险意识。

（3）加强监测专业技术管理，监测项目由专业人员进行技术审核把关。

案例7：某地铁“11·13”盾构区间地面塌陷事故案例

1　案例描述

2014年11月13日10:00，某地铁盾构区间上方地面发生塌陷事故，塌陷尺寸深度为2.5m，长为5m，宽度3m左右。该位置有一根φ1000的污水管（埋深6~7m，原为混凝土顶管施工）。15:00左右完成对该区域的回填，回填砂数量为17方。

11月13日19:00，第一次塌陷坑西侧3~5m位置又发生了塌陷，塌陷尺寸深度为2.5m，长为4m，宽度3m左右。21:30左右，混凝土罐车到达现场，立即开始用进行砂浆及混凝土进行回填，14日凌晨2:30完成了回填（76方），并调集吊车对塌陷位置西侧8m左右的信号基站进行保护。

11月14日8:00，第一次塌陷坑东侧7m左右位置又发生了塌陷，塌陷尺寸深度为2.5m，长为4m，宽度3m左右（施工监测人员连同水准尺一同掉入坑内，用绳子才将人拉出塌陷坑）。截至中午12:00，完成回填30方（砂浆17方，砂13方）。

三处塌陷共回填砂浆123方。抢险任务基本完成。事故未造成人员伤亡。

现场照片如下图所示。

图42　第一次塌陷的现场照片

图43　现场回填照片

图 44　塌陷位置回填照片

2　案例分析

盾构区间右线于 11 月 8 日至 11 日期间进行了停机（因车站附属施工需要破除龙门吊轨道），停机位置 714 环。

施工单位于 11 月 12 日中午 11:00 恢复了掘进，当时掘进 715 环，盾构机再次掘进时状态较差，出现了喷涌现象。施工单位采取渣样进行了分析，发现渣样为圆砾及细颗粒，含水量较大。并立即通过加大膨润土注入量及聚合物进行渣土改良。但出渣仍未控制住。715 – 716 环出渣量均达到了 120t，高于正常的 105 ~ 110t。

11 月 12 日 21:00 施工单位针对出渣多可能塌陷的地面位置进行了围挡，避免了人员受到安全影响。

根据现场实际掘进情况和地质详勘报告，线路完全处于圆砾层中，顶部为粉土及粉质黏土、杂填土。根据实际塌陷显露地层，上部均为杂填土（见图 45）。

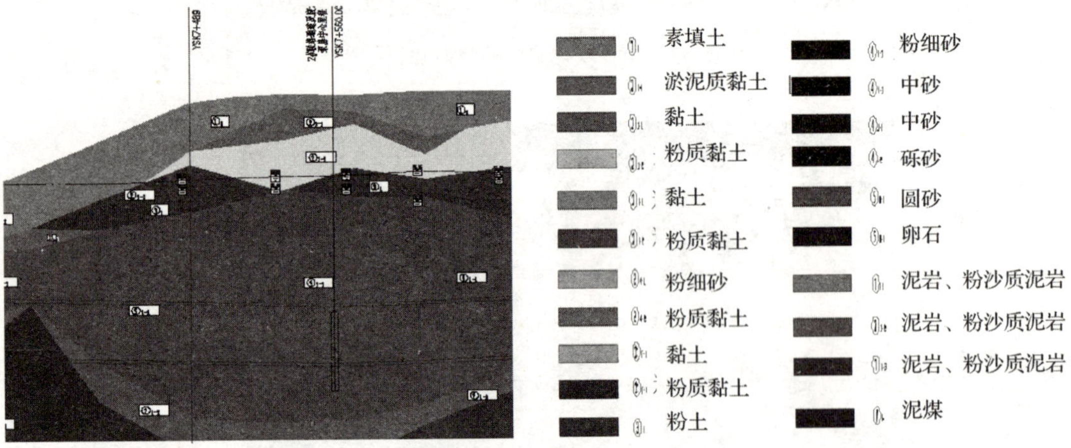

图 45　对应位置地层情况

事故原因分析如下：

（1）地层：盾构掘进地层全断面为圆砾层，同时上部为杂填土，掘进过程对地面扰动反映相对来说更灵敏。容易导致掘进过程中的多出渣而出现地面塌陷情况。

（2）停机时间过长：因盾构跟车站附属施工存在冲突，施工单位在 11 月 8 日至 11 日进行了停机检修，同时为了避让车站附属施工。较长时间的停机导致了盾构机状态较差，出现了出渣超设计的情况。

（3）出现喷涌现象：掘进中，出现了喷涌现象，由于一级螺旋输送机闸门关闭不严。施工单位使用了膨润土及聚合物进行渣土改良，在连续掘进 715 及 716 环后，盾构状态得到改善。

（4）土压建立偏低：盾构在河堤段掘进，地层及埋深变化较大，需要根据地层情况即使调整土仓压力。根据数据分析，土仓压力较低，需提高土仓压力。

（5）地面处理方案不当：在掘进出现多出渣的情况下，施工单位仅进行了地面围挡措施，计划待盾构机盾尾脱出超出渣区域后再进行同步注浆处理，贻误了处理时机，导致了塌陷的发生。

（6）污水管线：污水管线在超挖后可能发生渗漏，渗漏更加加剧了周边水土的流失，加快了塌陷坑的发展。

3　社会影响

盾构区间上方塌陷位置位于道路辅路人行步道，塌陷前对盾构施工出现的出渣异常情况已掌握，施工单位针对出渣多可能塌陷的地面位置进行了围挡，避免了人员伤亡，并及时采取了回填措施，避免进一步扩大影响。

4　经验总结

（1）盾构施工参数出现异常后第一时间及时处理非常重要，采取合理措施能够避免事故的发生、发展，监测人员要与现场施工人员保持联系，了解盾构出现的异常情况及时跟进监测工作。

（2）盾构法施工在高水位砂卵石地层施工风险较大，尤其上方有管线的区段，盾构机停机、重新启动阶段是风险较大阶段，监测人员对这些要加强关注。

（3）事故现场发生次生灾害的可能性较大，事实证明在第一次塌陷后又出现后续两次塌陷，第三方监测单位在实际处理时建议远离风险部位，并避免在危险部位作业，保证监测作业人员安全。

（4）由于工程出现突发的险情难以避免，监测必须严格按监测方案实施，才能保证最大限度发现工程风险问题，同时在工程出现不可预见风险后规避责任。

5　应对措施

（1）地下工程非常复杂，受各种条件限制，工程难免出现突发情况，盾构施工动态性强，监测必须严格按监测方案的各项要求实施作业，从程序上保证满足要求。

（2）监测工作加强对工程风险的分析理解，在方案制定上指导性要强，实施过程中对现场风险源密切跟踪。

（3）盾构轴线上方监测布点应尽量布置深层测点，及早发现下部土层的异常变化。

（4）险情出现后，对不稳定区域的监测工作应注意安全，远离危险区域，避免监测人员作业时次生灾害发生而受到人身伤害。

案例8：某地铁“10·7”盾构区间联络通道换刀坍塌事故

1　案例描述

2014年10月7日21时50分许，某区间2#联络通道位置进行盾构机常压开仓换刀作业过程中发生内部坍塌事故，导致正在进行换刀作业的1人死亡，2人失踪，施工单位进行内部处理，未立即向建设单位、政府报告，直至媒体报道引起社会关注。

2　案例分析

盾构区间右线于2014年4月22日开始掘进，6月21日停机于2#联络通道加固区前方约23m，7月26日恢复推进，7月27日进入2#联络通道加固区内，8月5日出2#联络通道加固区。左线于2014年5月12日开始掘进，6月22日停机于2#联络通道加固区前方约38m，7月27日恢复推进后又停机于2#联络通道加固区前方约20m，8月7日进入2#联络通道加固区内，除8月26日左右推进了一环以外，一直处于停机状态，直至事故发生。

联络通道位置加固施工情况概述如下：

联络通道加固采用素连续墙+袖阀管注浆+加固区内降水的形式，加固形式详见图46。

联络通道施作素连续墙期间左线第L6墙幅由于供水管改迁原因未能及时施作，在将供水管改迁后，最后才完成第L6幅连续墙，由于间隔时间较久，该位置的止水效果不太好，右线盾构机通过时是通过设置在左右线之间的两口降水井进行降水才得以顺利开仓、出加固区。左线进入加固区后，在该位置停机了两个月时间未能正常开仓换刀并继续掘进，期间施工单位在第L6墙幅外侧增加了第L14墙幅（厚1000mm的素连续墙），具体见图47。

联络通道所处土层为卵石⑤1－1层，圆砾⑤1－2层，隧道联络通道主要穿越地层为圆砾，隧道顶部局部穿越卵石层。地质剖面图见图48。

本区间场地内有两层地下水：第一层地下水主要赋存于杂填土①1层、素填土①2层中，属上层滞水，该层地下水水量贫乏。第二层地下水主要赋存于松散岩类的砂、砾含水层中，为孔隙承压水，承压水头为5.00～10.00m。其上为填土层、黏性土层及粉土层覆盖，圆砾层富水性强，渗透性强，属强透水层。孔隙水与江水系水力联系密切，其升降幅度为3.0～5.0m。

根据有关分析，本处加固范围处于高水位砂卵石地层，地下水与江水水力联系密切，地下水补给丰富。地下连续墙施工接缝止水效果及注浆加固效果不理想。盾构完成右线穿越后对地下连续墙产生一定破坏。施工在未通过条件验收各方不知情情况下私自作业，对换刀期间出现的渗漏水未给予足够重视，在高水位下击穿墙体，导致施工事故发生。

3　社会影响

由于施工瞒报事故情况，引起媒体广泛关注，产生较大社会影响。政府组织事故救援，对联络通道换刀部位采用冷冻法加固救援，经济损失及工期损失巨大。建委、市公安局对工程相关人员进行了相关调查询问。

4　经验总结

（1）监测人员在测点受到加固区施工破坏不具备条件验收情况下不同意通过条件验收决策正确，一定要在关键程序上坚持意见。

（2）对施工情况的巡视需要加强，尤其盾构在停机期间，要深入到盾构机设备内部仔细巡视检查，必要时加密巡视，尽量发现施工的异常工况。

（3）盾构施工第三方监测工作应不局限于普通的数据监测及巡查工作，应与施工单位保持密切联系，掌握施工过程中出现的异常情况，及时跟进相关工作。

5　应对措施

（1）严格按照合同和监测方案要求进行监测，在监测过程保证监测频率满足方案要求，保证测点完好，如有测点破坏情况及时发布工作联系单，还要写在巡视记录里，同时发送书面联系单，尽到合同要求的义务。

（2）完善专业管理机制，监测项目由专业人员进行技术审核把关。

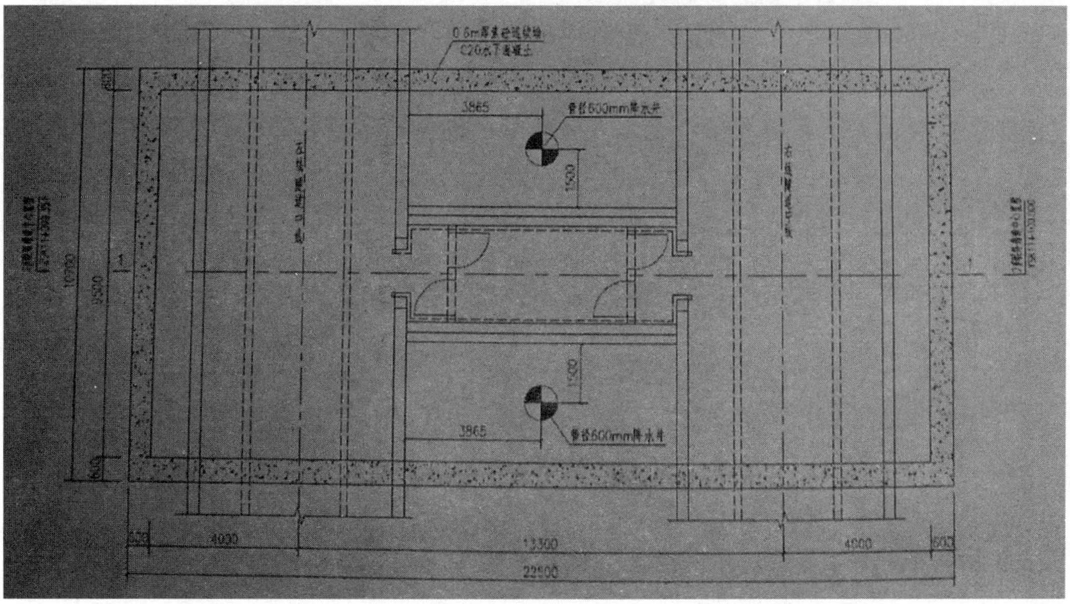

(a)加固平面图

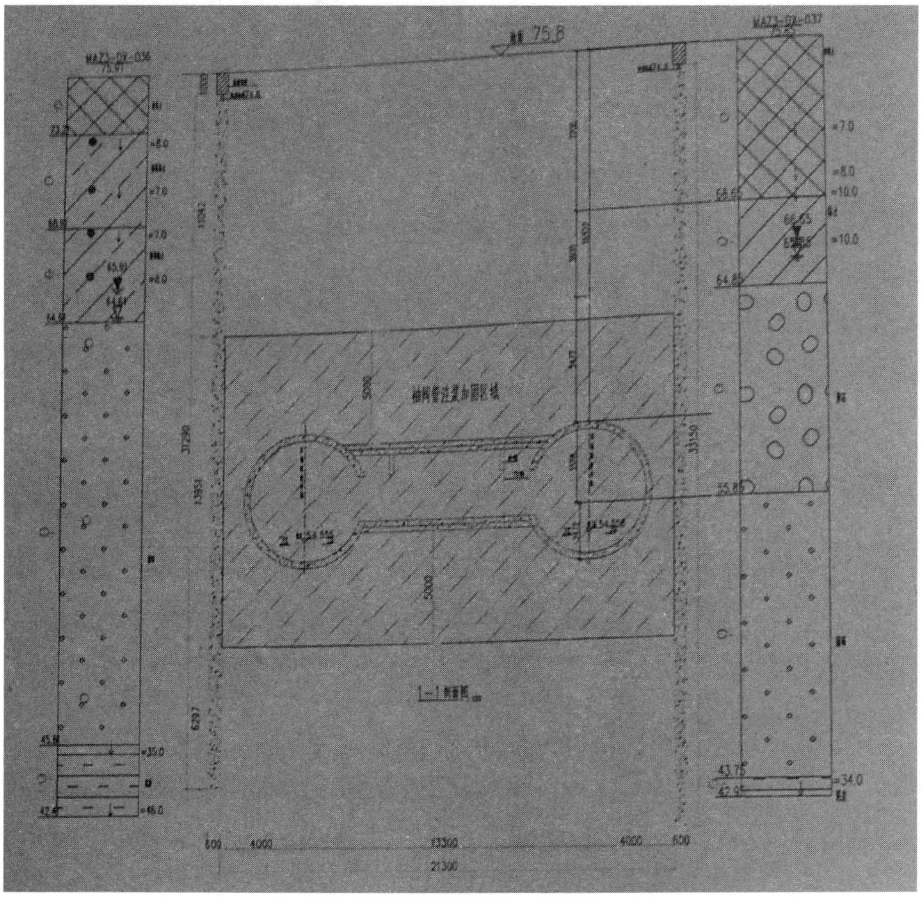

(b)加固剖面图

图 46　联络通道加固图

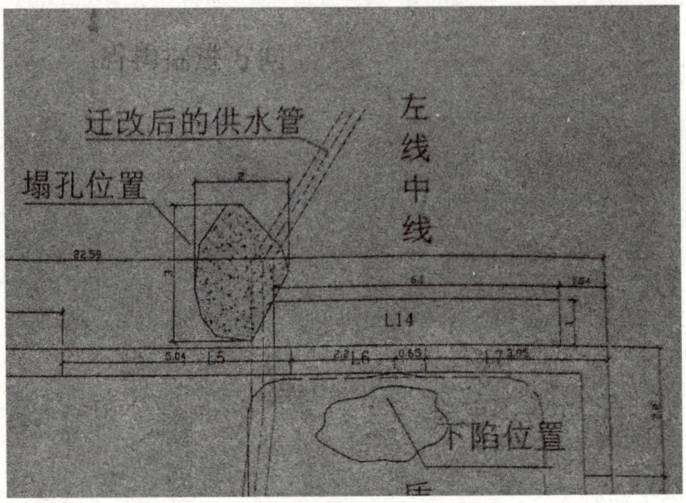

图 47　墙幅位置关系图

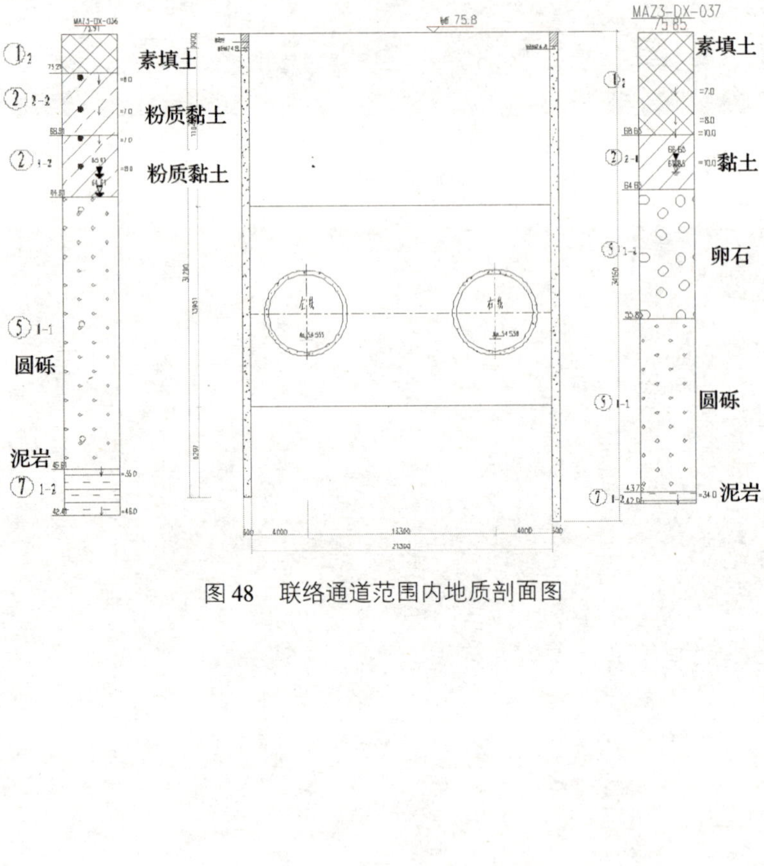

图 48　联络通道范围内地质剖面图

案例9：某地铁出入口附近管线事故

1 案例描述

2014 年 3 月 5 日某地铁车站出入口西侧边坡内未探明深度、材质和管径的自来水管破裂，导致基坑西侧边坡坍塌，边坡上改迁后的煤气管断裂，自来水灌入基坑，煤气泄漏，但未造成人员伤亡。

2 案例分析

出入口基坑分两步开挖，由于楼梯段涉及拆迁，该附属的楼梯段在 2014 年 2 月拆迁完成后进行开挖，由于运营节点限制，该楼梯段未施做围护桩墙，直接网喷开挖，3 月 5 日基坑西侧自来水管突然破裂，导致基坑西侧边坡坍塌，煤气管线断裂，坍塌前一周边坡出现裂缝，我方发布警情后，施工单位采取小面积边坡卸载，坍塌前新布设的地表点监测数据无异常情况。边坡土质松散，泡水后突然坍塌，未造成员伤亡。

3 社会影响

施工造成管线断裂，当地自来水公司、煤气公司紧急抢修，当时正处于昆明恐怖事件紧张时期，现场拉起警戒线，大量武警在现场维持秩序，疏散人群，给社会造成极大影响。

4 经验总结

（1）安全意识不强，为了赶工期忽视安全问题，在我项目部发布边坡预警时未引起重视，只是把开裂边坡卸载一部分，并继续开挖，给我项目部相关人员的启示就是，基坑出现预警或发现风险时应该及时上报。

（2）施工前未调查清楚基坑周边地下管线情况，就进行开挖，最终导致水管断裂。我们也意识到周边环境调查的重要性。

（3）设计对拆后的基坑开挖未给出安全的支护形式，未对现场疏松土质给出加固措施，导致施工单位匆匆开挖而引起事故。

5 应对措施

（1）针对我项目部人员，加强监测人员的技术和安全培训，提高监测技术水平，增强安全风险意识。

（2）加强对施工单位、施工监测单位的安全监督，以及监测技术指导。

（3）严格按照监测方案进行监测，发现基坑存在风险时，及时发布预警，施工监测不到位时及时发布工作联系单，督促施工单位做好安全监测工作。

（4）完善专业管理机制，监测项目由专业人员进行技术审核把关。

案例 10：某地铁基坑失稳事故

1　案例描述

2014 年 6 月 1 日，某车站 4 号通道最后一层土开挖及收底作业时，基坑南侧围护结构发生围护结构失稳（见图 49）。

图 49　现场沉陷部位图

2　案例分析

事故导致基坑外南侧与民房之间道路发生坍塌（见图 50），区域内一根直径 150mm 自来水管爆裂，坍塌区域出现大量积水。

主体基坑施工时，监测数据有异常变化未引起足够重视。墙体变形较大，附近测斜空最大变化量为 125. 5mm，周边土体受施工影响较大，物理力学性质发生较大改变。

图 50　现场沉陷情况

附属结构支撑体系施工质量不过关，钢围檩和工法桩之间填充不密实，钢围檩与钢支撑之间焊接质量存在较大问题（见图51）。

图51　钢围檩焊接质量不好

钢支撑轴力损失较大，未认真查找原因，采取行之有效的措施，及时防止失稳，现场仍采取后续土方作业。

围护结构发生明显“踢脚”现象，施工单位未引起足够重视，未采取相应的措施。基坑不规则，支撑布局存在先天不足，抗风险能力弱（见图52）。

(a)　(b)

图52　基坑不规则

施工单位没有对出现的异常情况及监测数据预警给予足够重视（见图53），并采取控制措施对事故发生负有重要责任。

3　社会影响

事故未造成人员伤亡，但导致路面塌陷，上水管线破坏，影响到周边人们的正常生活，工程抢险道路封锁，对地铁施工造成了一定的负面影响。

4　经验总结

（1）对监测数据出现异常是要加强重视，本案例中集中反映出基坑围护结构出现踢脚位移，支撑轴力损失大，附近主体结构围护变形超标等异常情况，预警后施工单位未采取有效措施。

（2）对监测数据后面的隐含问题分析不足，如发现异常后，进一步对设计结构受力薄弱，施工质量存在缺陷等问题进一步检查整改采取措施，可有效避免事故的发生。

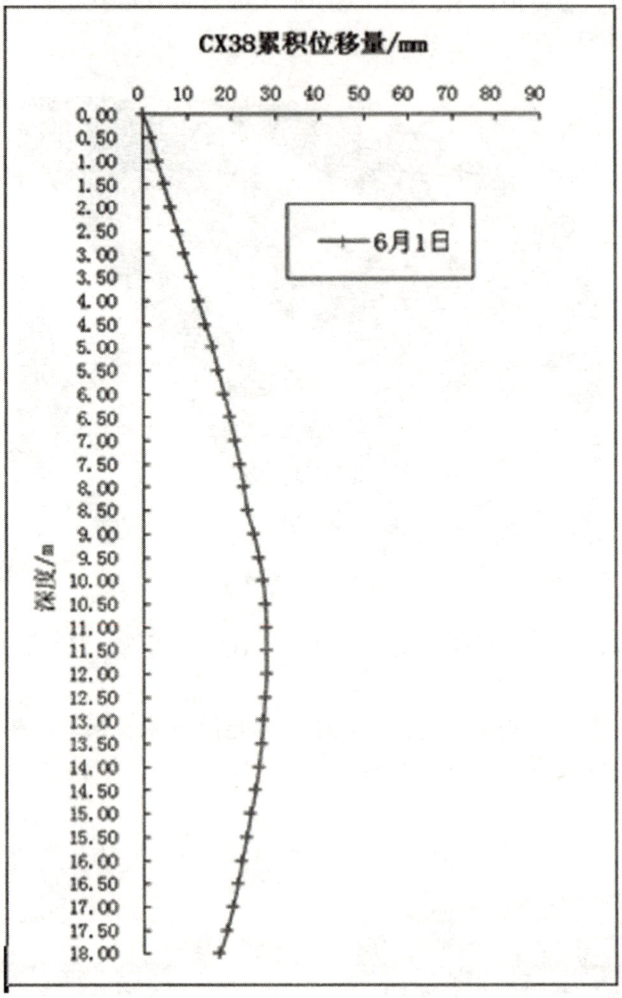

图53　监测数据出现异常

5　应对措施

（1）对监测数据各测项综合分析，在监测过程中加强巡视记录，异常时发布高级别的综合预警。

（2）加强监测人员的技术和安全培训，提高监测技术水平，增强安全风险意识。

（3）加强与施工单位的配合，跟踪施工过程，根据监测情况积极提出风险管控建议。

案例 11：某地铁基坑涌水涌沙坍塌事故

1　案例描述

2013 年 11 月 16 日凌晨 5:10，在位于某地地铁车站施工现场，基坑标准段中部第四层支撑（钢支撑）下方发生涌水并带砂，基坑外侧地表对应部位产生较大沉陷，导致部分工地围墙倒塌，无人员伤亡（见图 54）。险情于次日凌晨（2013 年 11 月 17）1:00 左右基本排除。

图 54　现场沉陷部位图

2　案例分析

某地地铁车站施工项目部，在渗漏水对应部位地表监测点被遮挡、覆盖后，已无法进行正常沉降数据监测的情况下，监测单位下发工作联系单督促施工单位整改、恢复 DBC10 断面处地表沉降监测点，但该项目部未采取措施及时恢复相关监测点。

因监测点占压，施工监测及第三方监测在渗漏水发生之前没有观测到此区域地表沉降的异常变化。施工单位没有按规定要求晚上安排专人在基坑下进行巡视值守，领导带班制度没有落实到位，导致渗漏水发现不及时，当发现渗漏水时已对周边环境造成较严重的影响，施工单位对事故发生负有重要责任。

经巡视发现基坑标准段中部第四层支撑（钢支撑）下方发生涌水并带砂，基坑外侧对应部位产生较大沉陷，影响临时道路通行，第三方监测单位立即发布了红色巡视预警并立即进入了抢险状态，在施工现场进行不间断实时监测。抢险初期，经巡视发现渗漏水处对面基坑周边有较多堆载，立即建议业主单位、施工单位将渣土转移，避免因偏压造成基坑失稳，并建议施工监测重点对风险部位的支撑轴力、墙顶位移进行不间断监测。

由监测数据显示，发生渗漏水前后第一层、第二层支撑轴力减小，第三层、第四层支撑轴力增大，应与基坑外水土流失及坑外注浆有关。发生渗漏水前后各层支撑轴力监测数据如表 4 所示。

漏水抢险期间观测到渗漏水处相邻的墙顶水平位移监测点位移的方向有同向性，漏水处封堵后，随着坑外注浆的加固等处理措施，墙顶水平位移监测点监测数据逐步恢复正常。抢险期间各时间段观测到的监测点阶段变化量如图 55 所示。

表4　各层支撑轴力监测数据

监测项目	测点编号	11 月 15 日测量值（kN）	11 月 18 日测量（kN）	差值（kN）
支撑轴力	ZCL1 - 04	-714. 9	-2540. 1	-1825. 2
	ZCL1 - 05	394. 3	-812. 5	-1206. 8
	ZCL2 - 04	1220. 2	634. 5	-585. 8
	ZCL2 - 05	875. 1	585. 2	-289. 9
	ZCL3 - 04	2416. 9	5107. 6	2690. 7
	ZCL3 - 05	4984. 3	7021. 7	2037. 4
	ZCL4 - 04	1506. 1	2311. 7	805. 6
	ZCL4 - 05	381. 5	530. 0	148. 5

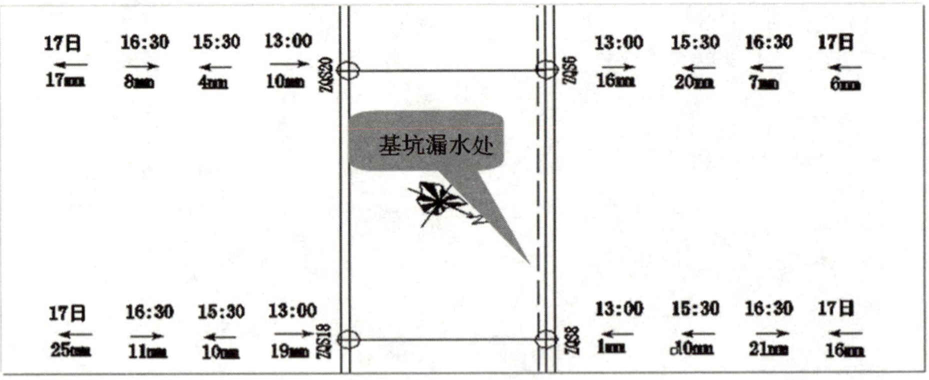

图 55　监测点位移变化量

通过监测数据及巡视信息可以看出，渗漏水处基坑外产生大量的水土流失、坑边堆载等，对围护结构安全稳定性造成显著的不利影响。监测提出建议施工单位尽量避免坑边堆载，并对发生沉陷处采用必要的注浆措施，排查钢支撑的安全及稳定性。

3　社会影响

此车站场地范围内较空旷，施工围墙外为施工单位修建的临时道路，且加之渗漏水事故发生在凌晨，周边闲杂人员较少，未造成人员伤亡。但事故现场出现较大沉陷，对地铁施工造成了一定的恶劣影响。

4　经验总结

（1）第三方监测单位对业主和施工单位督促力度不够，施工单位对监测点占压问题不重视，主要反映在当第三方监测单位发送工作联系单督促施工单位整改监测点占压情况后，施工单位没有及时整改，对应位置测点仍没有及时恢复。

（2）施工管理不到位。主要反应在施工没有按规定要求晚上安排专人在基坑下进行巡视值守，领导带班制度没有落实到位，导致渗漏水发现不及时，当发现渗漏水时已对周边环境造成较严重的影响。

（3）施工、监理对基坑周边超载问题认识不够。主要表现在险情发生进入抢险状态后，施工、监理相关人员没有及时指出渗漏水处对面基坑周边堆载问题。虽未因基坑堆载导致基坑失稳，但当时从监测数据看墙顶水平位移监测点位移的方向有同向性且变化速率较大，基坑因基坑外沉陷及堆载等多重因素影响，随时可能产生较大次生灾害。

5　应对措施

（1）加强对监测点占压严重性的认识，在监测点受到破坏时要求施工方及时恢复占压及破坏的监测点，保证监测数据的连续性。

（2）在参与险情处置时，监测单位相关人员一定要有丰富的施工及监测经验，才能根据现场复杂的情况提出具有针对性的、有效的、及时的、宝贵的建议，避免事故进一步扩大，挽回不必要的损失。

（3）正在开挖的基坑，施工单位必须安排两人以上专人在基坑内 24 小时值守巡视，发现险情后第一时间进行反馈，同时采取有效措施，避免事故扩大。

第四篇　岩土篇

1　导　　言

岩土工程是土木工程的一个分支；其主要的研究对象是岩石和土，包括赋存于其中的地下水；岩土工程与其说是一门技术科学，不如定位为一门工程技术。

从实践的角度来看，岩土工程包括下列领域：

（1）岩土作为支承体。

岩土作为建（构）筑物的地基（见图56），作为支承体，研究的主要问题是承载力和变形，有时可能还涉及渗透问题。

图56　对天然地基进行验槽

（2）岩土作为荷载和自承体。

基坑、边坡工程，地铁隧道工程开挖（见图57），岩土体既可能是荷载，也可能是支承体，研究的主要问题是稳定和变形问题，此时地下水的控制具有举足轻重的影响。

图57　隧道开挖

（3）岩土作为材料。

填方工程，要用大量岩土作为材料（见图58），此时研究的问题除了上述内容之外，还要有材料的选用和质量控制问题。

图 58　土石坝

(4) 地质灾害的防治。

地质灾害对工程建设和使用构成严重威胁（见图 59、图 60），对其现状和发展趋势的评估、防治的设计、施工，必须按地质演化规律和岩土力学原理进行。

图 59　滑坡

图 60　泥石流

（5）环境岩土工程。

随着人们对环境保护的重视，人地和谐的认知，可持续发展方针的贯彻，环境岩土工程日益受到重视。

图61 垃圾填埋处理

以上各类工程，不仅涉及天然岩土，还包括人工填土，包括对天然土体的加固和改良，利用排水、压实、加筋、改性、注浆、锚定、设置增强体等方法，改变岩土体的强度、变形和渗透性能。

岩土工程最突出的特点是其不确定性。一般包括：

（1）岩土体结构的不确定性。

地质结构和岩土材料，都是自然形成，不能由工程师选定和控制，只能通过勘察查明（见图62），但地质条件复杂时，是很难确切掌握岩土的空间分布，存在计算条件的模糊性和信息的不完善性。

图62 岩土工程勘察

（2）岩土参数变异性大。

同一类型岩土体测试数据（见图63）的离散性有两个方面的原因：一是由于取样、运输、样品制备、实验操作等环节的扰动；二是岩土测试数据还和样品的位置有关，即使是同一层，其性质既有规律性的水平相变和竖向相变，也有无规律的指标离散，这是人造材料不具备的特性。

图 63　土工试验

（3）裂隙水和孔隙水压力的多变性。

无论岩石中的裂隙岩溶水（见图 64），还是土中的孔隙水，其水位和压力水头都是在变化的。有季节性变化，有多年变化，还有人为原因的变化，尤其后者造成的变化很难准确预测。

图 64　岩溶裂隙水

（4）地质作用和地质演变的复杂性。

地质作用、地质演化和地质过程（见图 65、图 66），虽然也可以进行数值模拟，但离开解决实际工程问题还很遥远。实际工程问题，一般还是根据观察、测试、地质演化规律来作出判断，工程师的经验起着决定性的作用。

（5）计算模式的不确切性。

基于此，刘建航院士提出岩土工程要坚持“理论导向，经验判断，实测定量”这一原则，这十二个字，切中要害，生动地反映了岩土工程设计的特点，也是岩土工程设计经验简洁而准确的概括，值得提倡。

图 65　褶曲构造

图 66　断裂构造

岩土工程的不确定性，说明岩土工程是一个高风险的专业，其中又以基坑工程为甚。这是因为基坑工程的设计与施工，是一个系统工程，一方面需要从业者具备多门学科的知识，另一方面还需要从业者多年的实践经验。再则，一旦基坑工程发生事故，轻则造成重大经济损失；重则造成人员伤亡；引发恶劣的社会影响。因此，深基坑工程设计与施工（见图 67）历来就是岩土工程行业中的热点和难点。

龚晓南院士在从事多年岩土工程的教育、实践活动后，总结了基坑工程具有的八个特点：

1）基坑围护体系多数是临时结构，与永久性结构相比，设计考虑的安全储备较小。

2）场地工程地质与水文地质条件对基坑工程性状具有极大的影响，基坑工程具有很强的地域性。

3）基坑工程设计与周围环境条件密切相关，在城区和在空旷区对基坑围护体系的要求差别很大。

4）基坑围护设计不仅涉及土力学中稳定、变形和渗流三个基本课题，而且基坑围护结构受力复杂，因此要求设计人员不仅应具有较好的岩土工程分析能力，还应具有较好的结构工程分析能力。

5）土压力作为作用在围护结构上的主要荷载，其影响因素较多且很复杂。

6）基坑空间形状对围护体系受力具有较大影响，考虑到土体又具有蠕变性，因此基坑工程时空效应强。

图 67　临近建筑的深基坑支护

7）基坑挖土顺序和挖土速度对基坑围护体系受力具有很大影响，围护设计应考虑施工条件，并应对施工组织设计提出要求，基坑工程应实行信息化施工。

8）基坑围护体系的变形和地下水位下降都可能对基坑周围道路、地下管线和建（构）筑物产生不良影响，严重的可能导致破坏，基坑工程设计与施工一定要重视环境效应。

正是由于基坑工程的复杂性和部分从业人员缺乏成熟经验的情况下，北京、上海、广州、西安、南京、武汉、济南、沈阳、长春、石家庄、西宁等各大城市都先后发生过深基坑支护工程事故。事故的发生影响了建设投资，有的还需要赔偿，而且拖延了建设周期，造成很大的损失。本书精心挑选了几个工程事故案例，是从书籍、期刊、会议论文等公开报道中收集到的，现将实例尝试着进行分析，起到抛砖引玉的作用，以引起从业者的广泛重视。

2　惨痛的教训

2.1　某市地铁车站基坑工程事故

2008年某市的一次地铁重大基坑工程事故（见图68）造成死亡21人、重伤1人、轻伤3人，直接经济损失达4962万余元的重大事故。八名相关责任人分别处以三至六年刑期。

图68　地铁车站基坑工程事故现场

2.2　地下连续墙垮塌的基坑工程事故

图69是基坑概貌（包括破坏全貌）和相邻马路路面沉陷概况。

图69　地下连续墙垮塌的基坑工程事故现场

经初步分析，原因如下：

（1）设计：荷载用标准值，抗力用设计值，设计表达式两端不匹配，降低了安全度。钢支撑直接支承在与其斜交的地下连续墙上，没有用围檩，更无平衡剪力垛。

（2）施工：未按设计图纸的要求施工，包括超挖、不及时支撑，坑底没有对被动土压力区进行加固。

（3）监测：没有及时发现险情，没有发出警报。

（4）管理：邻近工程的负责人发现问题，向这个项目的经理提出忠告，但项目经理却置若罔闻，没有引起警觉。

事故发生前晚，施工人员也已发现预兆，但没有及时采取工程措施抢险。

2.3　拱圈围护结构的垮塌

图 70 是某地一处拱圈围护结构垮塌。

图 70　拱圈围护结构垮塌现场

原因分析如下：

（1）大面积的建筑基坑平面受力状态不同于圆拱的受力条件。

（2）从上而下修筑的栏墙没有插入深度，对于敞开开挖的施工条件，会发生从底部涌入坑内的塑性流动。

（3）止水措施不足以阻止地下水从坑外向坑内流动。

2.4　土钉墙的垮塌

图 71 是某地一处土钉墙的垮塌。

图 71　土钉墙的垮塌现场

原因分析如下：

（1）地面超载。

（2）阳角处理。

（3）坑底部位较软，且未及时支护。

2.5　某市商业广场深基坑坍塌事故

图 72 是某市商业广场深基坑坍塌事故，造成 5 人受伤，3 人遇难。

本项目基坑倒塌事故，从直接经济损失角度考虑，其损失值超过两亿元，其中包括：基坑及土方施工费、地下室已施工的底板及一层地下室部分；倒塌的宾馆及相关物资损失；宾馆附楼中近二百户商家的财产损失；事故抢险过程中所投入的大量材力、人力、设备。事故过程中，近 590 人的临时搬迁；1#楼 56 户人家外迁近一个月的费用；事故发生过程中三位遇难者的赔偿费；建设方前期报建、设计、监理费；该场地从规划设计为商业用地到事故后变为绿化用地的土地价值损失费。

图 72　商业广场深基坑坍塌事故现场

2.6　某市医院基坑坍塌事故

图 73 是某市医院基坑坍塌事故，造成 4 人遇难。

图 73　医院基坑坍塌事故现场

2.7　某市某广场基坑坍塌事故

图 74 是某市某广场基坑坍塌事故。

图 74　某广场基坑坍塌事故现场

导致该事故发生的直接原因是：

（1）土石方及基坑支护施工单位未严格按照基坑设计方案进行施工作业，施工工序颠倒，导致超挖现象；存在个别预应力锚杆的预应力未张拉到位问题。

（2）未及时发现处理边坡上部存在不明水管漏水现象。

对事故责任者的处理结果如下：

（1）按法定程序对某市建设投资有限公司处以罚款人民币叁万元整的行政处罚；按照《市建筑市场主体考核管理办法》对某市建设投资有限公司扣10分。

（2）按法定程序对某建设集团有限公司处以罚款人民币伍万元整的行政处罚；按照《市建筑市场主体考核管理办法》对某建设集团有限公司和项目经理分别扣10分、20分。取消该建设集团有限公司二级深基坑支护安全生产评价等级。

（3）按法定程序对某工程咨询集团有限公司处以罚款人民币贰万元整的行政处罚；按照《市建筑市场主体考核管理办法》对该工程咨询集团有限公司和项目总监分别扣5分、10分。

（4）市勘察测绘研究院履行监测职责不到位，未及时将监测报告通报给建设、施工单位，未有效设置监测点。建议主管部门对该勘察测绘研究院依法予以处理。

（5）对以上单位予以全市通报批评。

2.8 某市场改造工程护坡倒塌

图75是某市场改造工程护坡倒塌，致8人死亡。

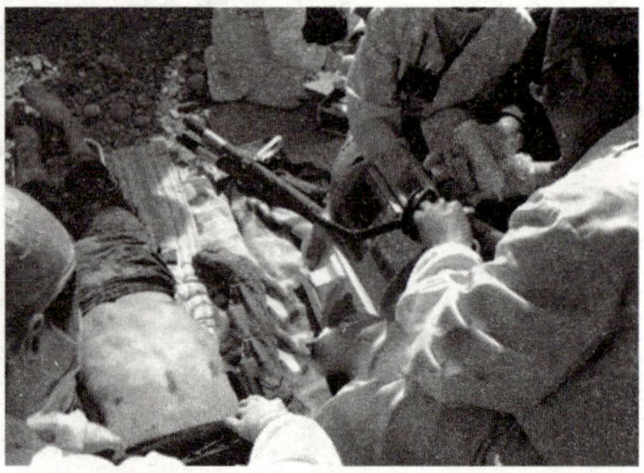

图75 某市场改造工程护坡倒塌现场

2.9 某地铁在建工程施工事故

图76是某地铁在建工程施工事故，致2人死亡，8人受伤。

图76 某地铁在建工程施工事故现场

2.10 某基坑发生坑底突涌

图77是某基坑发生坑底突涌。

图77 某基坑发生坑底突涌现场

2.11 某大厦基坑垮坍事故

图78是某大厦基坑垮坍事故，该基坑垮坍事故，造成相邻两栋高层发生倾斜，位移达到26cm，直接损失1.3亿元，监理单位、总承包单位、基坑施工单位各有一人受到刑事处分。

图78 某大厦基坑垮坍事故现场

2.12 某市一工地基坑垮坍事故

某市一工地发生基坑坍塌（图79），施工单位采用起重机解救被困民工。

图79 某市工地基坑垮坍事故

2.13　某大厦基坑垮坍事故

图 80 基坑发生重大坍方事故，使相邻的俱乐部楼房垮坍。

图 80　某大厦基坑垮坍事故现场

3　典型案例剖析

3.1　某基坑因计算错误造成锚杆被拔出支护桩被折断倒塌事故

某高层建筑地上 28 层，地下 4 层，基坑开挖深度 20.5m，基坑东西长约 120m，南北宽约 100m，建筑面积 10 余万平方米。根据勘察报告提供的资料，地下水位在 -36m 处，对基坑开挖没有影响。

（1）基坑支护方案。

基坑西区设计采用直径 600mm 灌注桩，桩间距 1000mm，桩长 20m，入土 5m，混凝土强度等级采用 C25，配 12 根二级螺纹钢，直径 22mm，桩顶设冠梁，冠梁顶设置 370mm 砖墙，高 5.5m，墙内设有构造柱及压顶梁。护坡桩设 3 道锚杆，直径 130mm，锚筋采用 2 根直径 30mm 的二级螺纹钢，采用常压灌浆，第一道锚杆设在冠梁上，第二、第三道锚杆采用槽钢与护坡桩相结合的支座。

地面上堆钢筋较多，设计按 16kN/m^2 计算，有关尺寸参见图 81。按二分之一分担法计算，三道锚杆的水平力分别为 $R_1=316$kN；$R_2=827$kN；$R_3=395$kN。

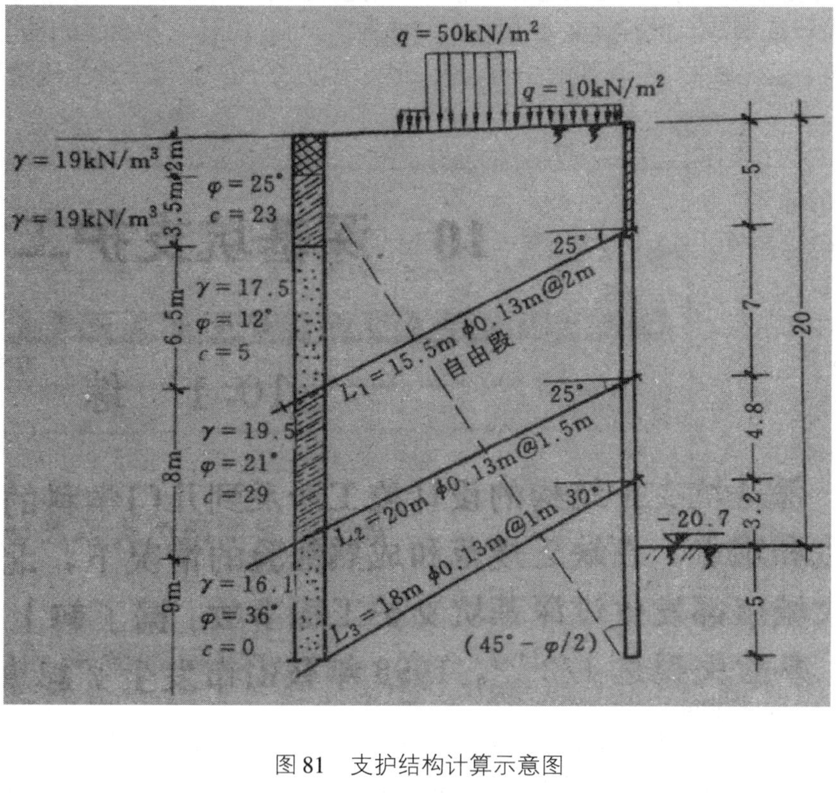

图 81　支护结构计算示意图

（2）环境条件。

基坑西侧 12m 有一南北向 20 世纪 40 年代就已建成的下水道，采用毛石砌筑，成圆拱形，直径 800mm，下水道底在地表下 2.5m，常年向下渗水。

基坑南侧 10m 有地下人防通道，在地表下 7m，常年积水并外渗。

基坑西、南部基坑上距基坑边 5m 堆放钢筋约 600t，两者之间为场内施工道路。

（3）基坑倒塌情况。

9 月 12 日，施工完成西部基坑底混凝土垫层，期间，施工管理人员发现基坑西部护坡桩桩间成片掉土，并伴有渗水现象，顶部砖砌挡土墙外倾，顶部地面出现裂隙。

9 月 15 日西侧北部有部分腰梁槽钢脱落，部分锚杆螺母松动，施工人员将槽钢补焊接上，拧紧螺母，并在坑顶局部挖土卸载。

9 月 16 日桩间土脱落加速，下午 5 时左右西侧北部护坡结构倒塌，倒塌过程十分迅速。在场人员描述倒塌过程大致分为三个阶段：首先，挡土护壁砖墙至钢筋堆之间土体滑动，进而引起钢筋堆至场区围墙之间土体滑动，最后围墙至围墙外排水沟土体下滑，下水道塌陷，导致下水道之中的污水大量涌入基坑，坑顶 300t 钢筋及其钢筋使用机械等滑向坑底。

据现场清理人员介绍，倒塌外缘距基坑边约 13m，个别地段已塌至街道对面的围墙边，南北方向约 50m，共折断钢筋混凝土护坡桩 48 根。护坡桩折成三段，折点分别在第二、第三层锚杆处，折点处混凝土破碎，钢筋弯曲，第一层锚杆从土中完全拔出，第二、第三层锚杆锚头拉脱，腰梁扭断开。

（4）基坑倒塌主要原因浅析。

1）从倒塌及现场清理现象进行初步分析。

第一层锚杆被拔出，说明锚杆已经超过其自身的抗拔极限能力，而被拔出，当第一层锚杆被拔出时，护坡体系已经有了很大的位移量，使得挡土桩向基坑内部大尺寸的移位，但第二层锚杆的腰梁是个支点，而第二层锚杆受力以后虽有位移，尚未被拔出，桩受到很大的阻力，承受不了弯矩而折断，同样的情况也发生在第三道锚杆支点处，桩也被折断，而腰梁也被扭断裂开。

2）对计算书进行复核。

根据多层锚杆受力计算公式，按照逐层开挖，逐层进行支撑受力不变的计算方法，计算参数采用勘察报告提供的计算参数，进行加权平均，$c=17.3\text{kPa}$，$p=23°$，$y=18.7\text{kN/m}^3$ 计算，其 $R_1=396\text{kN}$，这样算来，就比原来计算所得的 316kN 大 20%，说明按照二分之一分担法或等值梁法计算的数值都偏小。

但是，事故不是出在逐层开挖未做锚杆的当时，因此，下部核算仍按照原设计水平力核算：

第一层锚杆的轴向拉力：

$T_1=2\times R_1/\cos25°=2\times316/\cos25°=697.3\text{kN}$（原设计为 349kN，未按两桩一锚计算，按一桩一锚计算了，错误很大！）

第二层锚杆中间距按 1.5m 考虑，则轴向拉力为：

$T_2=1.5\times R_2/\cos25°=1.5\times827/\cos25°=1368.7\text{kN}$（原设计为 914kN，也同样存在错误。）

第三层锚杆间距为一桩一锚，间距 1.0m，所以轴向拉力：

$T_3=1\times R_3/\cos30°=456\text{kN}$（与原设计相同，但实际上间距过小，总会产生群锚效应，从而影响锚杆的抗拔能力。）

3）锚固段长度复核。

按照原设计采用的参数，$K_0=0.6$，$p=26°$，$c=14\text{kPa}$，计算，原设计要求安全系数 1.2～1.4，这样，第一道锚杆锚固长度：

$$L_{m1}=697.3\times(1.2\sim1.4)/[3.14\times0.13(0.6\times18.7\times12\times\tan26°+14)]$$
$$=25.6\sim30\text{m}$$

原设计计算只需 13～15m 锚固长度，显然计算锚固长度远远不够！

按照同样的方法，经复核，第二层锚杆的锚固长度为 32.6～38m，而原设计锚固段长度为 22～25m，同样也不够。

4）主筋复核计算。

原设计采用 2 根直径 30mm 的 2 级螺纹钢，其设计拉力应为：

$$290\times2\times706.9=410000\text{N}=410\text{kN}$$

小于第一层锚杆轴力 697.3kN，配筋明显不够。

5）侧壁渗漏问题。

由于原埋置的管沟长期渗漏，施工单位在基坑倒塌后，在附近取土，送土工实验室实验分析，结

果 $p=16.28°$，$r=19.8kN/m^3$，c 未能提供参数。

在这种情况下，主动土压力增大很多，而第一层锚杆处的剪力 t 值降低很多，经核算即使无安全储备，其锚固长度（30m）也不够。

6）基坑倒塌主要原因分析。

①第一道锚杆 2m 一根，误算为 1m 一根；第二道锚杆 1.5m 一根，误算为 1m 一根，第一层锚杆锚固段长度严重不足；第二层锚杆锚固长度也不够。

②锚杆主筋配置错误。

③渗漏水致使土的物理性能变坏，参数与原设计计算参数相差太大，破坏前桩间土掉土渗水，导致坍塌，它是促进基坑倒塌的第二个原因。

④局部超载现象严重，这是加速基坑倒塌，扩大基坑坍塌范围的第三个原因。

3.2 某基坑因设计方案错误造成倒塌事故

某广场工程，主楼 42 层，高 160m，地下室埋深 16m，占地 $7800m^2$。场地地层情况从上到下依次为：

杂填土，以城市生活垃圾为主，厚 1.2m；

粉质黏土，厚 7.6m；

黏土，厚 4.1m；

粉质黏土，厚 1.8m；

黏土，厚 4.8m；

粗砂，5m。

根据勘察报告得知，地下水稳定水位为地下 2.4～4.0m。

（1）基坑支护设计。

场地周边和内部共布置了 33 个降水井进行降低地下水位。采用 1000mm 的大直径人工挖孔桩，桩间距采用 2.4m，桩长 19.5m，设置 2 道预应力锚杆，第一道锚杆长 17.5m，其中锚固段长度 13.5m，倾角 15°，孔径 150mm，锚杆主筋采用 2 根直径 30mm 的二级螺纹钢；第二道锚杆根据部位的不同，锚杆长度分别为 18.5 和 19.5m，其中锚杆段长度为 14.5m，倾角分别为 20°和 22°，孔径 150mm，锚杆主筋采用 2 根直径 32mm 的二级螺纹钢组成，如图 82 所示．垫梁采用 2 根 43 号旧钢轨组成，梁与桩之间采用 10×100 木方垫平。可以说是就地取材，这在北京地区较为少见。

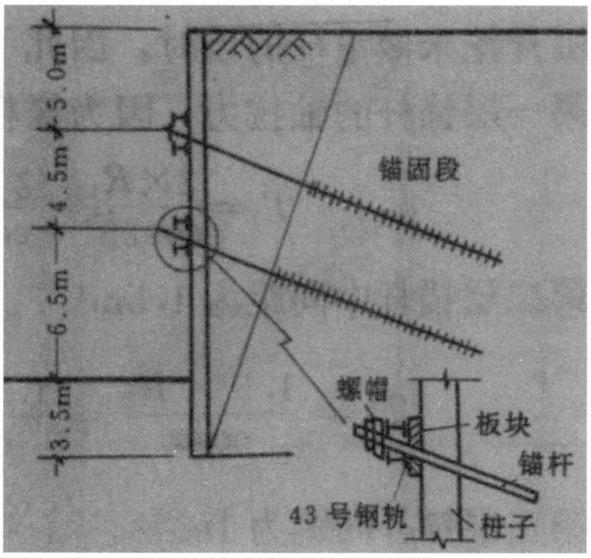

图 82 基坑锚杆布置示意图

（2）基坑倒塌情况。

2 月 17 日，当南面基坑挖深到达设计标高时，东南角锚杆下的垫梁被压断，随之，护坡桩在下部也被折断，造成运输坡道的东侧 8 根桩的支护范围内大面积塌方，于是，立即停工进行抢险。此时发现，运输坡道的西侧也出现严重的变形，桩有横向裂纹出现，采取在坑底紧急推土回填。

3 月 6 日，专家咨询组对现场进行调查，并对支护结构设计进行了核算，同时认为，坡道西侧应及时进行加固。

4 月 4 日，坡道西侧又发生横梁脱落、支护桩倾倒、大面积滑坡。

（3）事故主要原因分析。

1）专家咨询组认为：主要原因是支护设计不当，安全系数小于 1.0。

2）两层锚杆设置的位置不够合理，二层锚杆离开基底太远。

3）护坡桩抗弯能力不足，配筋不够。

4）锚杆配筋也是不足的。

5）锚杆锁定值不合理，且没有考虑蠕变的影响，也没有锚杆锁定后考虑预应力损失。

6）锚杆支座采用方木，也是欠考虑的地方。

3.3 某基坑因管理混乱造成倒塌事故

某大厦工程位于繁华市区，地上 23 层，地下 3 层，基坑开挖深度 12m，建筑面积 20185m^2，施工场地狭窄，东、南、北三面距相邻建筑物较近，参见图 83。

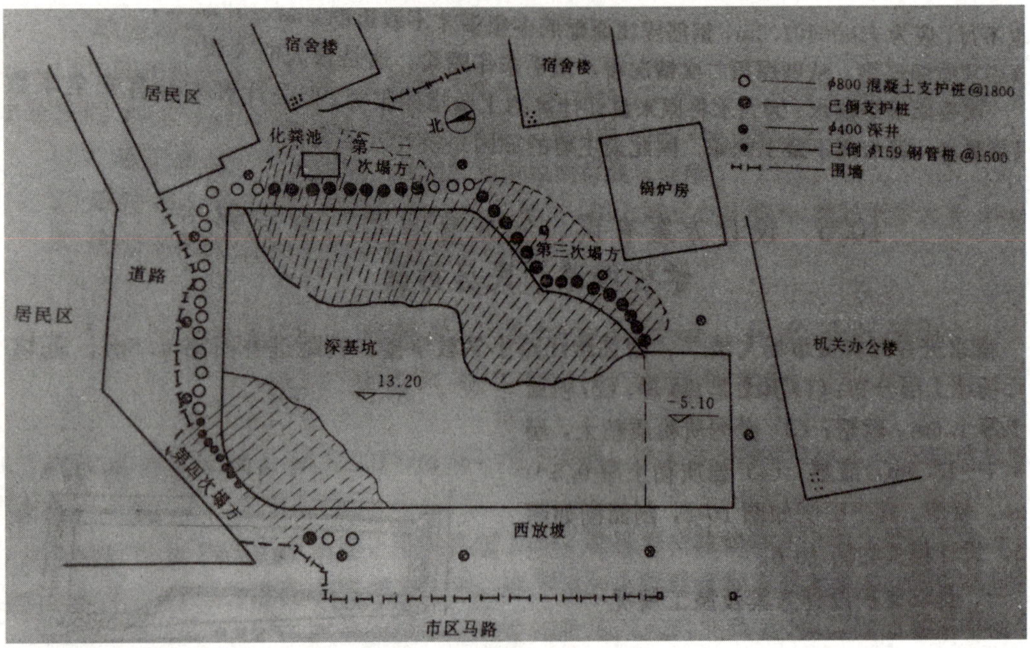

图 83　现场支护及塌方平面示意图

（1）工程地质及水文地质概况。

根据勘察报告提供的资料，场区地层自上而下依次为：杂填土；素填土；一级非自重湿陷性黄土、粉质黏土、卵石、黏土等。

根据勘察报告得知，地下静止水位 -7.0m。

（2）基坑支护设计。

1）施工单位设计方案。

施工单位原根据勘察报告建议采取如下基坑支护方案：采用大直径钻孔灌注桩，设一层预应力锚杆，桩顶设混凝土冠梁的桩锚支护体系，设计预算大约 100 万元。

2）建设单位总体方案。

部分采用直径 800mm 的悬臂钻孔灌注桩，部分采用直径 150mm 的钢管悬臂桩，部分采用放坡方案，估价 40 万元。

3）最终施工采用方案。

西侧采用 1∶0.3 放坡；东、南、西北角采用直径 800mm 的钻孔灌注桩，共 57 根，混凝土强度等级采用 C30，桩间距选用 1800mm，桩长 18m，悬臂 12m，嵌入深度为 6m；在基坑北部部分地段采用直径 159mm 的钢管桩 7 根，桩间距 1m，桩长 15m，悬臂 12m，入土深度仅 3m。

沿基坑四周设直径 400mm 深井 12 眼，井深 12m，用潜水泵抽水到地面水渠排出。

(3) 周边环境条件。

在基坑东面有一个化粪池；南面有一锅炉房及其管道，由于长期积水、渗水，因此，对基坑支护体系有较大影响。

(4) 基坑倒塌过程情况。

土方开挖分为两次进行，第一次挖到 -6.5m，第二步再挖到 -13m，此时地下水已降至 -13.2m。倒塌共分为四次。

第一次发生在 1992 年 11 月 22 日下午 3 时，基坑东侧 3-4 轴间的一根支护桩发生 35°内倾，紧接着土体发生局部塌方。紧邻该桩的东南部 6 根桩，虽未出现明显位移，但桩后土体出现 0.5~1.0cm 的裂缝。北部约 12m 未打桩的范围内，3.2m 宽的道路出现下沉，地面裂缝 1~2cm，路边房屋出现 3 道 0.1~0.5cm 的竖向裂缝。各种迹象预示为大塌方的前兆。

第二次倒塌发生在 12 月 19 日上午 8 时，基坑东侧 2-5 轴约 20m 范围内的 8 根桩突然倒塌，在距坑底 1m 左右处桩被折断，桩后土体大面积涌入基坑内，地面上一座化粪池整个倾入坑内。为保住其未倒的桩，施工方又紧急采取在坑内设置顶撑的加固措施，也未能奏效。

第三次倒塌发生在 1993 年 2 月 12 日上午，基坑南侧又有 15 根桩倒塌。

第四次倒塌发生在 1993 年 2 月 18 日，在北侧西部地段又发生局部塌方，道路被中断，坍塌到房屋边缘。

几次断桩，塌方来势凶猛，均在刹那间发生，共造成坑内土方堆积 3000m^3，短桩 23 根，7 根钢管桩弯倒。

(5) 倒塌原因浅析。

基坑支护必须认真对待，决不能为了节省费用，随便定方案，或者任意地进行所谓的优化处理。应通过对勘察报告中的土质指标，经过认真计算，制定可靠的方案，超过一定的规模，或者在异地设计与施工，必须经过内部专家，必要时经过外部专家进行论证后再确定方案。

根据资料粗浅分析，原来施工单位提出的设计方案，还是比较符合工程实际的，结果建设单位乱定方案，不按照科学办事，结果是浪费了投资，拖延了工期，欲速则不达。

一般土质好的地区，以北京市内为例，悬臂桩，一般最大也就做到悬臂 10m，如特殊情况下到 12m，已经很不经济了。

综上所述，该工程倒塌的主要原因是：

1) 设计方案有严重问题。

嵌固在土层内的深度为 6m，悬臂桩锚固长度不足，必须长达 10m 以上；直径 800mm@1800mm 也不行，必须直径 1000mm@1500mm；钢筋应比原配筋多很多，才不至于被折断，总之，应通过计算确定；桩顶必须施作冠梁，从倒塌的第二次情况来分析，似乎未施工圈梁，这是很大的失误。

2) 次要原因是漏水。

水将原来设计计算的土质指标改变。但是，一般来说，计算总是会考虑一定的安全系数，所以，如果只是漏水、渗水不至于引起基坑倒塌。

3.4 某基坑因未形成止水帷幕，基坑涌水涌砂、民房下沉开裂、主干道煤气管下陷、立交桥墩位移事故

某大厦地上 46 层，高 157m，地下 2 层，最大开挖基坑深度 13m。大厦地处繁华商业区，参见图 84 所示总平面图。

场地属江汉冲积平原东部，距汉江仅 1km，勘探表明初地表为杂填土外，下为黏性土，局部夹粉土，再下为砂性土，局部夹黏土。地下水分上层滞水和下层承压水，混合水位埋深于地表下 1.4~2.7m，承压水埋藏于场地中细砂卵石和粉细砂层中，其水位随长江、汉江的水位变化而变化，水明两者之间有非常密切的水力联系。

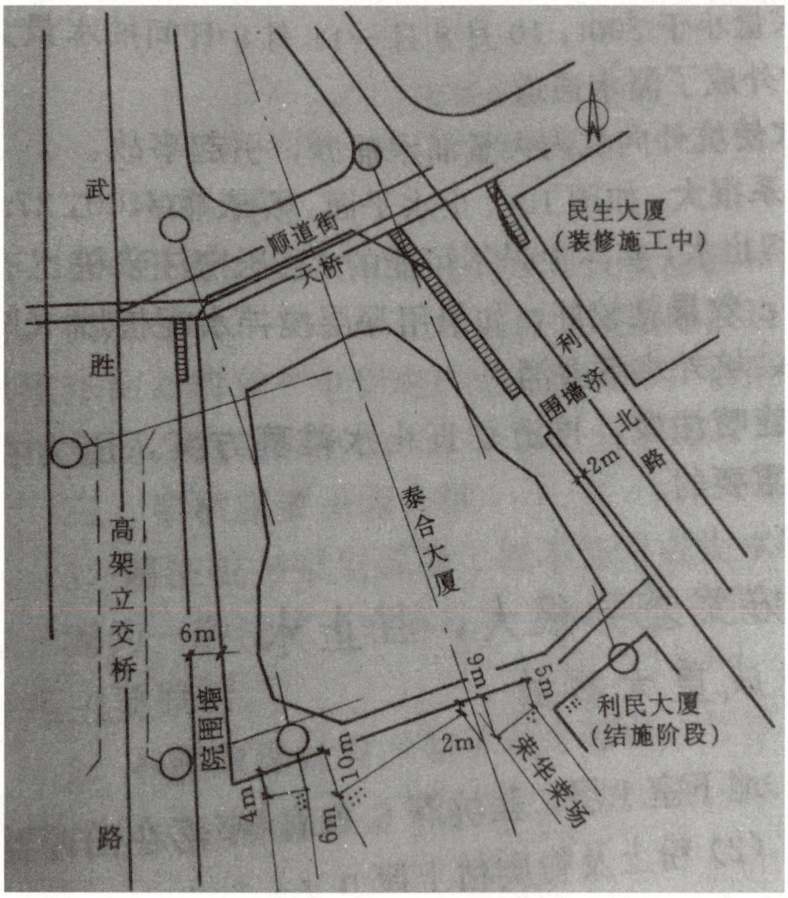

图 84　总平面图

(1) 基坑支护方案。

设计计算采用参数地表至地下 12m 之间，$r_1=19\text{kN/m}^3$，$c_1=22\text{kPa}$，$p_1=14°$；地面 12m 以下，$r_2=19\text{kN/m}^3$，$c_2=0$，$p_2=32°$。基坑周边三面取地面超载 10kN/m^3，另一面取 35kN/m^3。

设计采用直径 1000mm@1200mm 钻孔灌注桩挡土，桩长 27m，配筋采用 8 根直径 25mm 的 2 级螺纹钢，均匀分布，混凝土强度等级采用 C30。支护桩设置 2 道锚杆，锚杆主筋采用 2 根直径 25mm 的 2 级螺纹钢，锚杆孔径 130mm，单根锚杆设计拉拔力为 300kN，锚杆间距 1.2m，注浆采用 M30 纯水泥浆。见图 85。

(2) 止水设计。

该工程场地的承压水在中细砂及卵砾石中，且与长江、汉江有着密切的水力联系，止水设计方案是周边设置垂直止水帷幕，防止水平向的水流入基坑；深层水平封底，防止坑内深处砂卵石中的压力水垂直渗流基坑之内。

周边帷幕做法如下：先在两根支护桩之间的外侧，做直径 400mm 素混凝土止水桩，桩长 27m，再用直径 130mm 压密注浆，桩长 18m，设在止水桩与支护桩之间，使之相切。参见图 86 止水帷幕平面示意图。

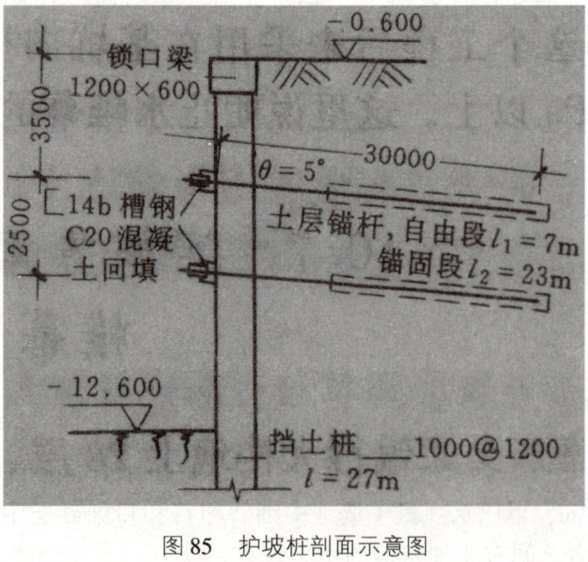

图 85　护坡桩剖面示意图

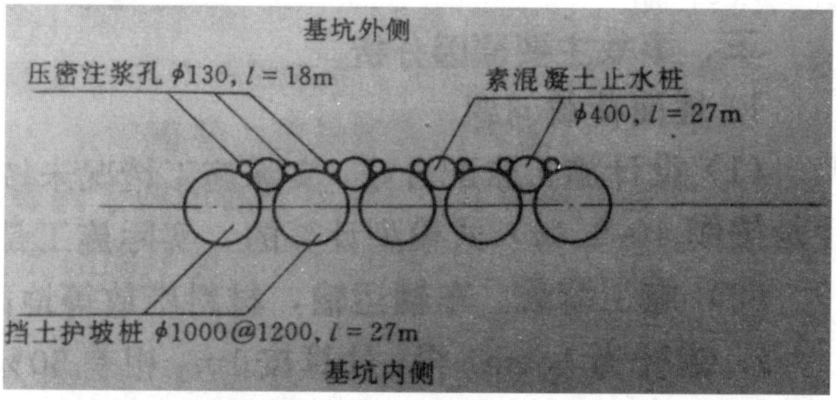

图 86　坑壁止水帷幕平面示意图

深层水平封底的做法如下：在开挖土方前，用钻孔高压旋喷工艺，通过 30MPa 的高压流冲击土体，喷入大量水泥浆重新固结土体，使其在地面下 －16 ～ －19m 的地层间形成 3m 厚的连续止水板。设计要求固化土体的渗透系数 K 值，不大于 0.0001cm/s，基本达到抗渗要求，并保证土体抗压强度不小于 1.4MPa。施工采用有效旋喷体直径 1.5m，旋喷孔间距 1.3m，排距 1.13m，总孔数按设计要求的 1.05 倍计，共计 3596 孔。

（3）涌水涌砂及事故情况。

9 月 8 日，正式开挖第一层土，约 －3.9m 深。

28 日第二层土挖完，坑底标高约 －7.0m，该地层属抗渗性能较好的黏土，除局部外未见出水。

29 日至 10 月 4 日，基坑南面民房局部开裂，市建委要求施工单位暂停基坑开挖。

10 月 5 日至 7 日，局部开挖第三层土方。

10 月 8 日起，基坑开始涌水涌砂。

10 月 14 日，因涌水涌砂量太大，工程全部停工，处理险情。

相邻的武胜路干道下沉达 20cm，70m 长范围内煤气管道下挠弯曲，弓弦矢高 25cm 以上，武胜路上正在兴建的立交桥某桥墩，累计向坑侧最大位移达 5cm，基坑南侧居民楼下沉最大处达 8cm，单元部分构件开裂严重，成为危房。

（4）事故原因分析。

开挖第三层土方后，就有 86 处护坡桩桩间冒水，其中 18 个点严重冒水且带有青砂，3 个点深达 1.5m 左右孔洞。10 月 7 日前每天出水量小于 300t，10 月 8 日至 11 月 8 日间，抽水量大于 1000t/d，且水面不见下降，表明基坑内外已联通一起。

由此可见，其主要原因是垂直止水帷幕未真正形成，透水使基坑外向基坑内大量涌水涌砂，引起事故。

止水帷幕未形成，与选择的止水方案关系密切，如上图所见，要依靠直径 400mm，27m 长，直径 130mm，18m 长的圆孔桩，都能很理想的相切止水，实际工程中几乎是不可能的，且压密注浆桩在承压水里施工，已有多项工程失误的案例。

如改为大桩之间，采用中高压旋喷桩，效果就会较好；如果用深层搅拌水泥土桩墙的止水帷幕，就能起到垂直的止水帷幕作用，坑外水就不会涌入。

本项目后来在专家咨询的基础上，采用基坑内壁高压旋喷注浆，再造垂直止水帷幕方案，压力在 20MPa 以上，受到了良好的效果。本案例充分说明，止水帷幕的方案设计是十分重要的。

3.5　某基坑因实施方案与设计方案差异很大，且止水帷幕未形成造成重大事故

某大楼地上 28 层，高 84.6m，地下一层，基坑开挖深度 6.7m，坐落在山西路广场。场地地层条件如下：

（1）人工填土，厚3～4.3m；

（2）粉土及粉质黏土，厚0.4～1.8m；

（3）淤泥质粉质黏土，厚9.9～10.7m；

（4）粉质黏土，厚20～30m；

（5）砾、卵石层，未打穿。

地下水位在地下1m左右。

详见图87平面示意图。

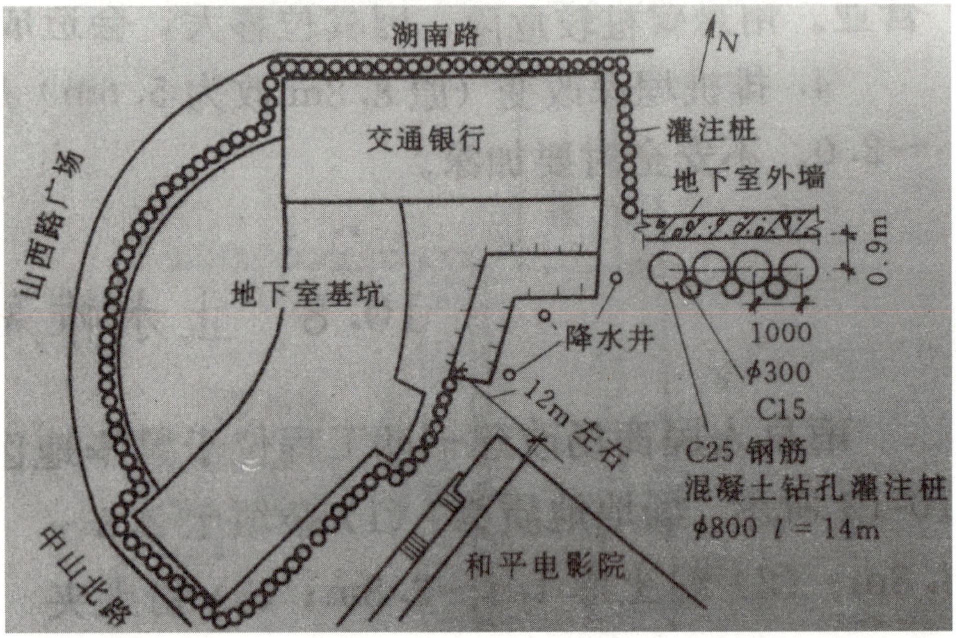

图87　基坑支护平面示意图

（1）支护方案。

设计采用悬臂桩支护方案。

1）支护：

采用直径800mm灌注桩，间距1000mm，排桩支护形式，桩长14m，在桩顶设置冠梁，规格为800mm×500mm，桩嵌入坑底88m，如图88（a）所示。

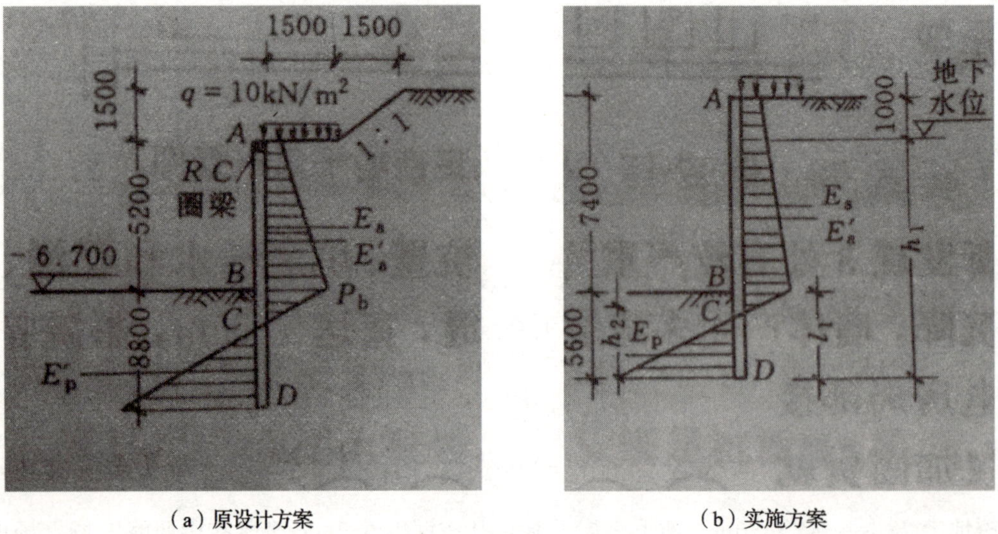

图88　比较方案

2）地下水控制方案：

在排桩背后设直径300mm高压旋喷桩，作为止水帷幕。坑东侧42m长，距相邻房屋15m左右，采用1∶1放坡开挖，在坑内设3个深20m管井作为降水井，如图87所示。

3）实际在按照设计方案施工时，建设单位将基坑深度加深0.7m，至7.4m，但施工时，桩顶未降到设计要求的高度，故土压力变成了7.4m的作用深度，桩长却改为了13m，这样，埋入地下的嵌固深度就成了5.6m，如图88（b）所示。放坡面原设计为1∶1，但实际开挖时因场地限制，改为了1∶0.3～1∶0.5，如图89（a）及（b）所示。为了抢进度，桩顶冠梁未施工，即开始土方开挖，且一次就开挖到设计标高。

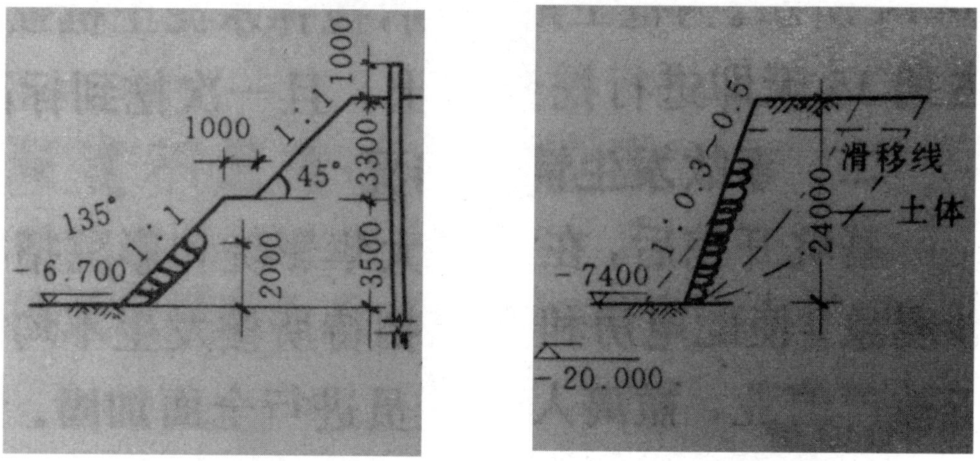

（a）原A–A剖面　（b）实施方案

图89　放坡情况

（2）事故情况回顾。

基坑开挖后，东南角桩间出现大量涌泥和流沙，支护结构向基坑内侧位移达20cm以上，桩后形成5～10cm的地面裂缝。放坡地段边坡滑移失稳，降水井失效，以至于东南面的和平电影院严重开裂破坏，被迫停业拆除，湖南路路面开裂，被迫将基坑进行回填，然后采用土层锚杆对基坑侧壁进行加固，直接经济损失达到100多万元（这是1991年的时候）。

（3）事故主要原因初探。

1）没有在桩间形成有效的止水帷幕，桩间土在动水压力作用下，大量流入基坑之内。因为一般注浆很难在长14m间使得两圆相切，不切处必将产生流沙渗水，所以，本项目没有形成有效的止水帷幕是基坑事故的主要原因。

2）不按原设计方案施工，是一个大错误。土方不卸载、却改深了基坑开挖深度，肯定要经过技术人员进行复核后，再确定灌注桩的埋入坑底的嵌固深度。根据软土地区的施工经验，嵌固深度采用5.6m是不够的，同时会产生较大的变形或位移。

3）设计人员为了保证相邻的和平电影院的安全正常使用（最近处大约为12m），应该采取部分锚杆进行加强支护。用悬臂桩肯定会产生移位，而且，在软土地区位移还会相当的大，这样，就会造成地面沉陷，开裂。

4）排桩嵌固深度改变（原设计为8.8m，改为实际只有5.6m）后，应该核算其抗管涌是否安全，系数应根据不同的环境条件定为1.5～2.0，如果达不到上述安全系数，就应该加深嵌固深度。

3.6　某基坑因方案不妥造成流土流水基坑事故

某基坑开挖深度仅4.5～5.0m，地下水位于地面下1m，地层条件如下：

杂填土，厚1m；

淤泥质黏土，深约20m。

（1）基坑支护方案。

如图 90 所示，采用钻孔灌注桩悬臂支护，直径 600mm，桩长 15m，桩间 50mm 采用压密注浆，来解决空隙渗水渗泥。支护桩施工完毕，立即进行注浆压密。

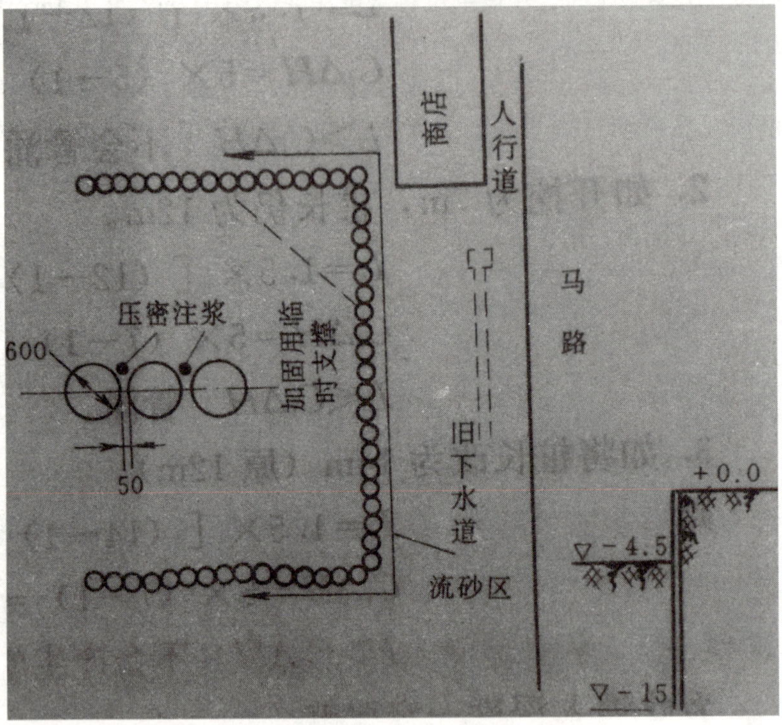

图 90　某工程连续钻孔桩加压密注浆支护基坑

（2）事故情况。

开挖到设计标高后，浇筑混凝土基础垫层，绑扎基础钢筋，就在此时，东侧排桩的缝隙间有多处渗水，逐渐发展到流土流沙，施工人员立即用编织袋装上堵塞，但止不住，接着排桩向基坑内倾斜，坑外地面产生裂缝，附近商店墙开裂，柱沉降，影响正常营业。

后来采用水泥浆填充流失土方，东北角加设钢支撑。

（3）事故原因分析。

压密注浆的压力，仅采用 0.5MPa，明显不足，实际上注浆不可能在次压力下达到均匀状态，试想，桩长 15m，50mm 的缝隙不可能压密，已经在许多地方发现了不少涌水涌砂的案例。

如果真要采用高压注浆，则不至于发生事故。

3.7　某地下车库基坑事故处理

（1）工程概况。

某地下车库，设计地下两层，框架结构，筏板基础。工程项目基坑开挖长度 200m，宽 40m，开挖面积 8000m^2，正负零标高相当于绝对标高的 45.60m，基础底板底标高 -10.0m，开挖深度 9.4m。

基坑南侧、北侧为待建住宅楼预留地；西侧为其他建筑用地；东侧结构外墙外 5.0m 处，有两道新铺设的天然气管线，管线埋深 1.5m；结构外墙外 6.0m 处，还有一道 1 万伏临时用高压电缆，埋深 0.4m；结构外墙外 6.5m，有一道砖砌围墙（相当于建筑红线），围墙高达 3.5m；结构外墙外 10.2m，有一栋三层住宅楼，其基础埋深为 2.0m。详见图 91，基坑平面图。

（2）工程地质条件。

拟建场地地形较为平坦，地面标高为 44.47 ~ 45.00m。在勘察深度范围内，按地层沉积年代、成因类型及岩性，将其划分为人工堆积层、新近沉积层和第四纪沉积层三大层。地层条件详见表 5。

(3) 水文地质条件。

根据岩土工程勘察资料分析，场地天然地表下 4.00～6.00m 时，见到地下水，为上层滞水，静止水位埋深 1.40～2.20m，标高 42.57～43.29m。地下水对混凝土及钢筋混凝土结构中的钢筋在干湿交替状态下，均无腐蚀性。

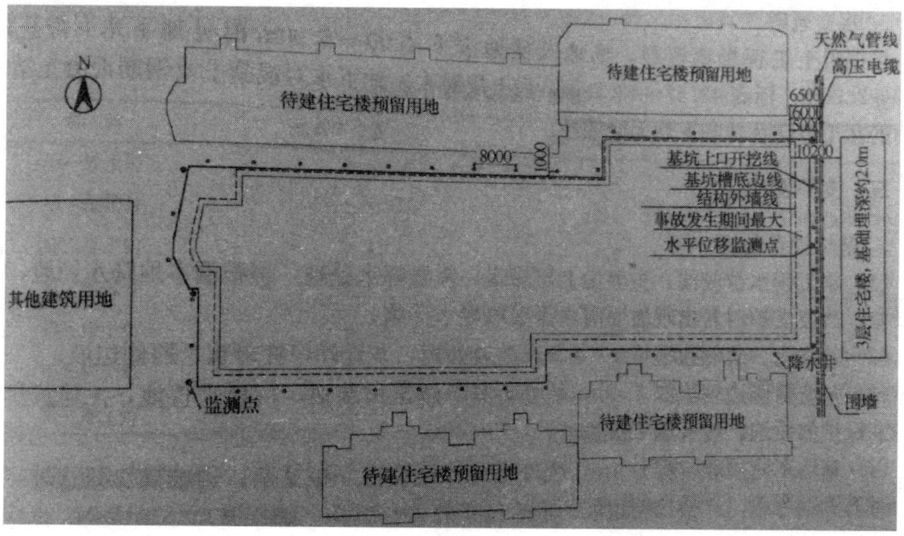

图 91　基坑平面示意图

表 5　基坑支护深度范围内的地层条件

土层编号		地层岩性	土层厚度 (m)	重度 (kN/m^3)	压缩模量 E_s (MPa)	粘聚力 c (kPa)	内摩擦力 ϕ (°)
人工堆积层	①	杂填土	1.00～3.50	18.5	5.0	5	10
	②	黏质粉土	1.70～5.20	20.0	6.0	10.0	20
新近沉积层	③$_{-1}$	粉质黏土	0.40～2.50	20.0	6.0	35.0	10.2
	②$_{-2}$	砂质粉土	0.40～1.60	19.1	6.0	—	—
	①	黏土	5.50～8.40	20.3	7.0	30.5	8.0
	③$_{-1}$	黏质粉土	1.10～4.80	20.3	10.0	25	37.5
	③$_{-2}$	重粉质黏土	1.20～2.50	20.0	6.8	34.5	9.6
	④	细砂	0.90～2.00	—	30.0	—	—
一般第四纪土层	⑤	粉质黏土	0.40～5.70	19.7	9.0	—	—
	⑤$_{-1}$	重粉质黏土	0.40～1.50	18.9	9.0	—	—
	⑤$_{-2}$	黏质粉土	0.40～0.60	19.8	10.0	—	—
	⑥$_{-1}$	细砂	4.00～4.90	—	35.0	—	—
	⑥$_{-2}$	卵石	4.70～5.20	—	45.0	—	—

(4) 支护设计。

1) 基坑特点分析。

①本工程水位很浅，主要为上层滞水，需要重视地下水的控制措施。但是，根据本地的降水经验，采用管井降水的效果比较差，单级轻型井点降水效果影响有没有那么深，因此，边坡支护时，可能会出现坡面渗水情况，需采取插管导流措施，确保基坑施工安全和文明施工。

②基坑男、北两侧边坡采用 1∶0.5 大放坡处理，即使出现局部滑坍情况，也不会影响基坑大的安全状况，所以，本设计仅针对东、西两侧边坡进行支护设计即可。

③基坑西侧边坡坑深 9.4m，坑外为其他建筑预留地，目前为荒地，无建筑及其他需要特别保护

的设施，边坡可以按照 2 级边坡来考虑设计。

④基坑东侧边坡坑深同样是 9.4m，但坑外管线及建筑物分布情况复杂，边坡虽没超过 10m，却应该按照 1 级边坡来进行支护设计，要严格控制边坡的水平位移及其垂直沉降，确保基坑边坡安全、坑外管线正常使用，尽量减少东侧住宅楼的不均匀沉降和总沉降。

2）基坑降水设计方案。

结合本工程的具体工程地质条件和水文地质条件，并参考工程附近地区类似工程的降水经验，本基坑降水采用抽渗结合的降水方案，即将上层地下水引流渗入下层地下含水层，并抽至地表，排出场外。

设计采用管井封闭基坑围降的降水方法，降水井穿透细砂 4 层，井底进入重粉质黏土 5－1 层或粉质黏土 5 层。井中心距基坑上口 1m，降水井设计参数建表 6。

表 6　降水设计参数一览表

井径（mm）	井深（m）	井底标高（m）	井中心距（m）
600	15.0	－15.50	8.0

3）支护设计方案。

根据本工程具体的工程地质条件和水文地质条件，结合周边环境条件，综合考虑基坑安全、变形以及经济要求，把基坑边坡东西两侧划分为两个支护剖面，采取两种不同的支护形式。

西侧基坑边坡设计采用 1∶0.3 放坡，采用土钉墙支护方案。支护参数为：设置六排土钉，土钉长度依次为 6m、9m、9m、8m、6m、6m；土钉水平间距及其垂直间距均为 1.5m；第一排土钉布置在地表下 1.6m，参见图 92。土钉杆体采用 1 根直径 20mm 的 2 级螺纹钢，土钉墙面层编制直径 6.5mm@250mm×250mm 钢筋网，钢筋网外设 1 根直径 14mm 的螺纹钢横、竖压筋，其中横压筋与土钉锚头平面焊接，喷射 80mm 厚的 C20 细石混凝土。

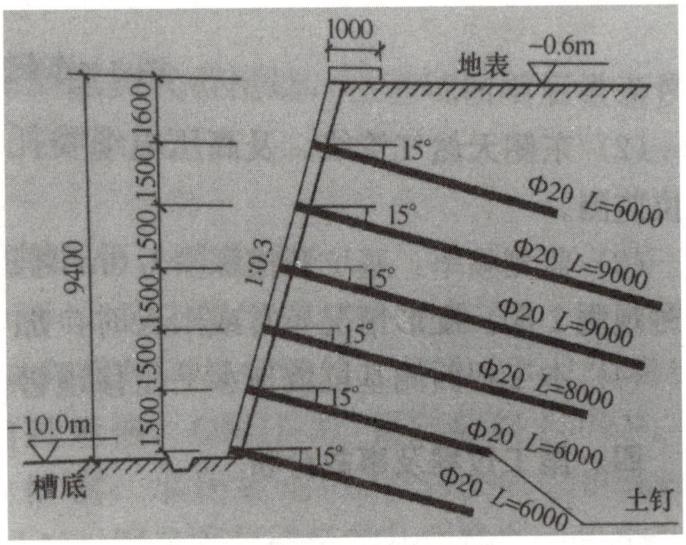

图 92　西侧土钉墙剖面图

东侧基坑边坡支护设计采用 1∶0.3 放坡，设计复合土钉墙支护方案。支护参数见表 7，面层设计参数同上，锚杆采用一根直径 15.2mm 钢绞线，腰梁采用 20b 槽钢，承压板规格 180mm×150mm×15mm，第一道锚杆锁固力为 120kN；第二道锚杆锁定值为 100kN，参见图 93。

表 7　东侧基坑边坡支护参数表（m）

名　　称	地表下位置	水 平 间 距	长　　度
第一排土钉	1.6	1.5	6
第一排锚杆	3.1	2.0	15（锚固段 10m）

续表 7

名　　称	地表下位置	水 平 间 距	长　　度
第二排土钉	4.6	1.5	9
第二排锚杆	6.1	3.0	14（锚固段 9m）
第三排土钉	6.1	3.0	8
第四排土钉	7.6	1.5	6
第五排土钉	9.1	1.5	6

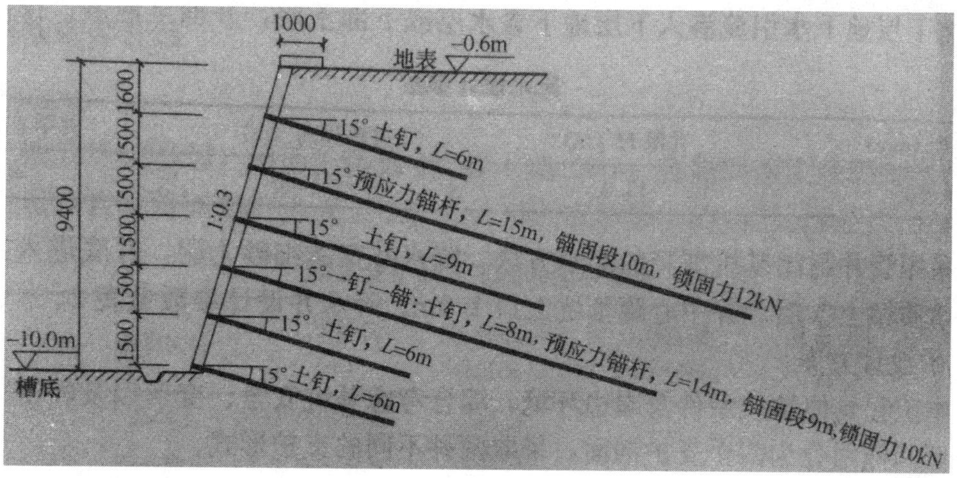

图 93　东侧土钉墙剖面图

4）施工监测方案。

为了确保边坡的安全稳定，周边建筑物的安全和工程的顺利进行，及时掌握基坑边坡的变形动态，便于采取各种保护措施，实现信息化施工，本基坑工程设置了如下的监测内容：

①东西侧基坑边坡坡顶各设置了 3 个水平位移监测点，兼作为沉降观测点，监测点布置在边坡的翻边上，见图 93。

②东侧天然气管线、高压电缆，委托相关专业部门进行监测，东侧住宅楼委托专业测量单位进行监测。

③检测频率：在基坑开挖前，建立基准点和监测点，测定初始值。开挖过程中，每天定时监测一次；深度大于 5m 时，每天监测 2 次，早晚各一次；变形情况异常或遇到雨雪天气，加密监测频率。

④本工程西侧基坑坡顶水平位移预警值按 4cm 进行控制；东侧基坑边坡按照 3cm 进行控制。

（5）施工过程及事故分析。

1）施工过程。

本工程于 10 月初开始施工，至 10 月 30 日完成了对边坡的全部施工任务。

西侧基坑边坡防护施工过程中，边坡局部发现出现少量滞水，通过对坡面上设置导水管，很快就排干，坡顶无明显变形。

东侧基坑边坡施工过程中，坡面滞水较西侧严重，锚杆、土钉成孔时，孔内出水，为确保支护质量，不得不采用二次注浆技术，在采取二次注浆技术后，锚杆张拉试验达到了设计要求。坡面的滞水通过插设排水管进行导排，坡面一直处于干燥稳定的状况。

10 月 31 日，基坑施工完毕，测得基坑边坡最大水平位移为 20.00mm。

11 月 5 日，护坡施工完成一周以后，边坡水平最终变形 21mm。

11 月 10 日前后，发现东侧基坑降水井内时常抽出温水。

11 月 16 日，护坡完成后 16 天，在此段边坡坡面发现不明水源，造成土钉墙墙面潮湿，并伴有渗水现象。现场施工人员在坡面增设导水管，倒水过程中，导水管出水量较大，但变形监测未发现边坡水平位移增加。

11 月 17 日开始，边坡水平位移有了增加的趋势，监测发现，每天约增加 5.0mm。

11 月 19 日凌晨，此段边坡坡顶局部出现裂缝。通过变形监测发现，边坡水平位移突然增加到了 64.00mm，并没有收敛趋势。现场决定在基坑坡脚处进行堆土反压加固。

11 月 19 日 18：44，边坡水平位移停止增加。

11 月 20 日 5：00，回填至地表下 2.5m 的位置，持续监测表明，边坡变形已经得到有效控制。

基坑施工期间及事故发生期间，天然气公司、电力公司分别派专业人员在现场对各自的管线进行现场连续监测，结果表明：天然气管线没有发生泄漏事故；高压电缆使用正常；东侧住宅楼沉降监测也表明，无明显沉降发生。

2）事故分析。

①东侧基坑边坡施工期间，坡面渗水叫西侧严重，且在锚杆、土钉成孔时，发现孔内出水，可以认为基坑东侧有外来水补给源，现场分析，一直认为是东侧楼房用水系统渗漏补给。施工时对土钉、锚杆采取二次注浆处理，坡面采取导水管外排处理等积极措施，起到了一定的效果。

②护坡施工完工后，在基坑东侧的降水井内抽出温水，经实地调查发现，基坑东侧住宅楼内的一家洗浴中心又重新开业，大量排水，造成基坑东侧渗水严重。由于渗水量的增大，而且持续，使得边坡内的土质力学性质变差，土体自身稳定性下降，导致土钉、锚杆的锚固力降低，甚至局部失效，进而造成坡面变形突然增大，形成塌坡隐患。

（6）加固措施及其效果。

1）加固方案。

①围墙处理。

对边坡变形区域的围墙，做拆除处理，改用轻质铁皮围挡代替围墙，在基坑工程回填后，再重新恢复围墙。

②边坡加固。

采用钢花管加锚杆的加固措施，布设三道钢花管，两道锚杆。

钢花管，采用直径 1.5 吋钢管；锚杆采用直径 15.2mm 钢绞线，钻孔直径 120mm。钢管表面设置注浆孔，钢管内进行注浆并通过注浆孔返到管外，锚孔内注 M20 水泥浆。

其中第一道锚杆，采用两根钢绞线，腰梁采用 22b 槽钢。承压板规格：200mm × 200mm × 16mm，锚具规格：QM15 - 2，锁定荷载 250kN。

第二道锚杆采用一根钢绞线，腰梁采用 20b 槽钢，承压板规格：180mm × 180mm × 16mm；锚具规格：QM15 - 1，锁定荷载 150kN。

钢花管与锚杆的长度及其布设位置，详见表 8，图 94。

表 8　西侧基坑边坡加固参数表（m）

名　称	地表下位置	水平间距	长　度
第一道钢花管	1.7 ~ 2.0	2.0	9
第一道锚杆	2.7	2.0	18（锚固段 13m）
第二道钢花管	4.1	2.0	9
第二道锚杆	5.6	2.0	15（锚固段 10m）
第三道钢花管	7.3	2.0	6

③地面裂缝处理。

边坡加固完工后，采用水灰比 0.55 的纯水泥浆灌注处理地面裂缝，防止地面雨雪水、生产、生活用水灌入缝中，对边坡的安全产生不利影响。

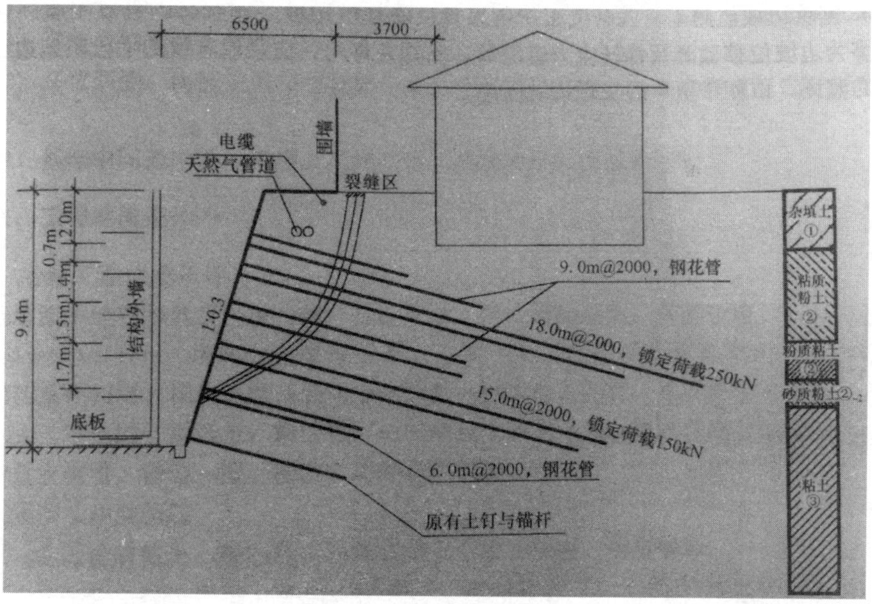

图 94　东侧加固剖面图

2）加固效果。

加固工程于 11 月 22 日开始施工，12 月 10 日施工完毕。次年 3 月 20 日，基坑肥槽回填至地表，从开始加固施工之日起算，基坑累计最大位移 5.0mm。天然气管线、高压电缆一直保持正常使用；住宅楼最大沉降 3.0mm，对住宅楼安全无实质影响。

加固施工实现了预期效果。

（7）几点启示。

1）基坑边坡工程应根据不同的周边环境条件，采取有针对性的支护方案。本项目针对基坑四周不同的周边环境条件，分别采用了放大坡、土钉墙、复合土钉墙支护方案。真正做到该省的就省，该加强的就加强。

2）工程中基坑东侧边坡出现了较大的变形，通过对基坑变形原因的及时调查分析，采取了有效的加固措施，起到了明显的支护效果，从而限制了基坑的进一步变形。一般遇到类似情况时，首先要对基坑变形情况留存影音资料，然后立即组织基坑坑底堆土反压，与此同时进行周边环境的调查分析，拿不定方案时，要请专家会诊，及时制定针对性强的加固措施，并组织实施。

3）基坑边坡监测，是检验基坑支护效果及反映边坡实际工作状态的有效手段。目前常用的多为边坡水平位移监测、锚杆拉力监测等比较直接的方法。如果条件允许时，应采取有效的手段，实施周边环境的监测，以便在发现边坡隐患的同时，评估周边环境的安全性。

特别需要说明的是，在进行边坡加固施工时，一定要加强基坑工程本身及其周边环境的变形监测，以免在加固时产生新的危险。

3.8　某基坑事故分析与处理

3 月 19 日，某工程深基坑施工现场发生基坑坍塌事故，20 多名现场作业人员，在施工基坑边坡的土钉墙时，基坑突然坍塌，其中有 8 名施工人员被埋入其中，当场死亡。坍塌事故造成了重大生命和财产损失，及其社会影响，事后，有关部门组织基坑支护专家组对事故产生原因，进行了全面分析和处理。

（1）事故现场的基本情况。

1）工程概况。

本项目基坑开挖深度为 12m，从地面到基坑底部的地层，依次为人工填土层，厚度约 2.4m，以下全为沙砾层，厚度大于 10m。土层参数参见表 9。基坑周边环境详见图 95。

表 9　土层的基本物理参数表

土层名称	土层平均厚度 (m)	重度 (kN/m^3)	黏聚力 (kPa)	内摩擦角 (°)	界面粘结强度 (kPa)
回填土	2.4	16	10	22.0	40
砂砾石	12	20.0	0	35	180

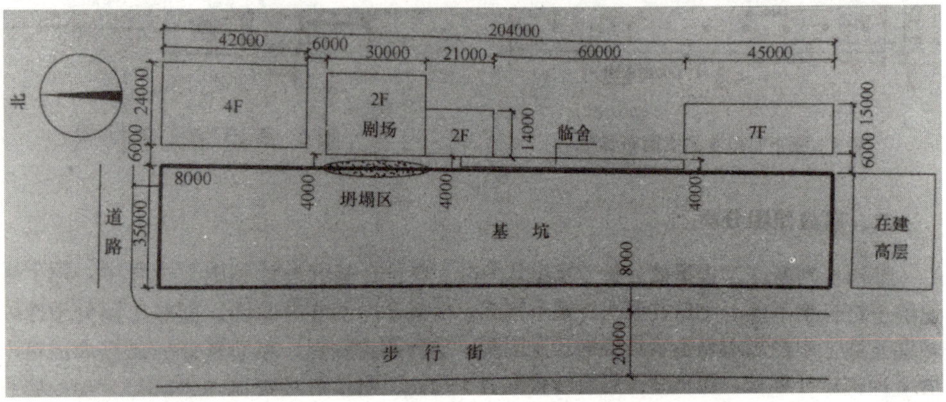

图 95　深基坑现场平面布置图

基坑坍塌位置位于基坑东部一剧院建筑旁边，坑边距建筑物外墙距离约为 4m，当基坑施工到坑底，清完土施工最后一排土钉时，基坑突然发生坍塌，坍塌形式为滑移破坏。

2）坍塌基坑的支护方法。

事故发生后，事故调查组发现本工程无完整的基坑支护设计图，仅有一个支护剖面图。基坑支护是由施工单位自行设计并施工的，采用土钉墙支护方案，土钉的长度、间距、土钉成孔直径、面板的厚度等均不符合承载力和稳定性的计算要求，具体采用的基坑支护立面和剖面分别详见图 96、图 97。

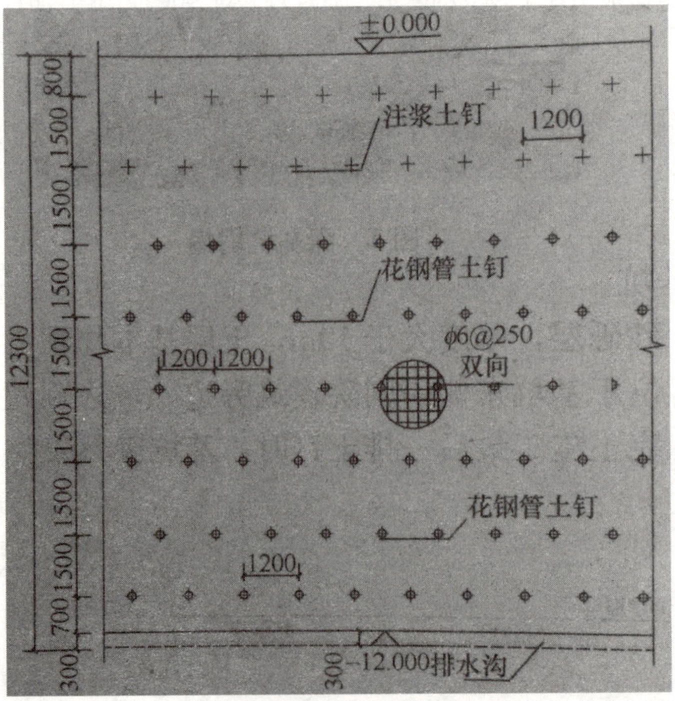

图 96　原设计土钉墙支护立面布置图

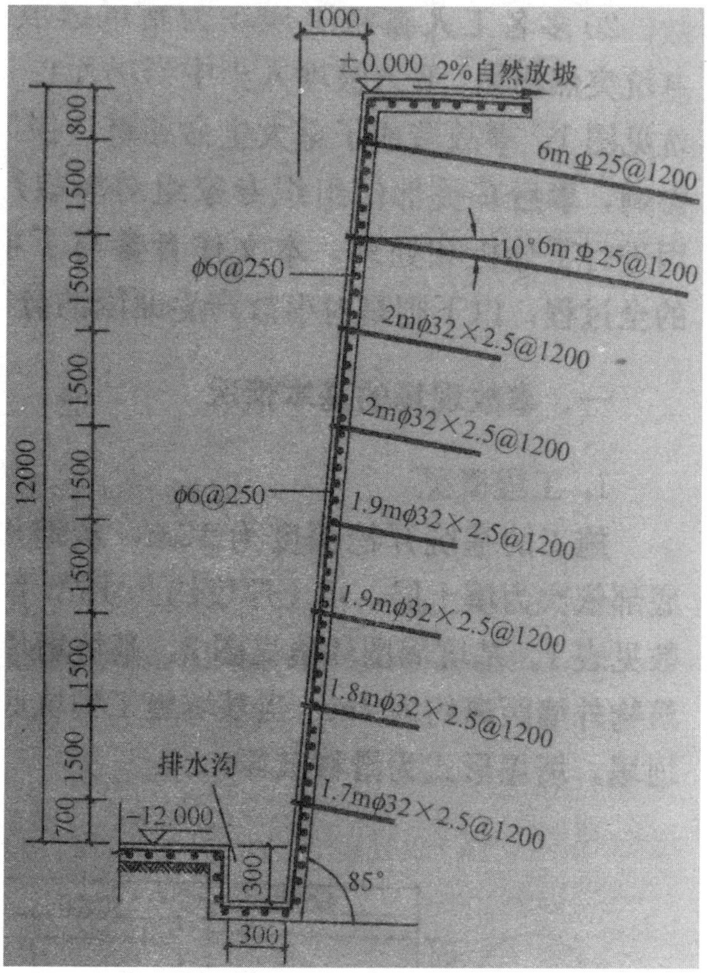

图 97　原设计土钉墙支护剖面图

（2）事故原因分析。

经初步判断，工程事故分析专家组认为：施工单位在基坑设计和施工过程中，用于基坑支护的土钉长度不足、土钉注浆孔注浆不饱满、面板厚度不够等原因；而施工期又处于冻融交替期及施工中的震动是造成基坑坍塌的诱发因素。

现场调查发现，事故现场沙砾层中的土钉长度未达到设计要求，钢花管土钉设计长度为 3 ~ 5m，而在事故现场随机抽样三根钢花管，平均长度仅为 1. 82m，最长的为 1. 93m，最短的仅有 1. 64m。同时，原设计方案中，基坑开挖前要先在边缘打下竖向超前微型桩，起到支撑与固定作用。但是，经现场查看证实，无微型桩。此外，边坡上喷射的混凝土面层设计厚度为 80mm，现场随机抽查实际施工为 55 ~ 66mm。而基坑上部边缘，施工单位设置的临时彩板房，也增加了地面的荷载。

根据上述描述，对此次事故进行较全面的分析，可以将此次事故原因归纳为技术和管理两个方面的原因，现就这两个方面展开分析如下。

1）技术方面的原因。

①基坑支护设计的原因。

a. 局部设计方案选择有待商榷。

按照我国《建筑基坑支护技术规程》JGJ 120—2012 的要求，土钉墙设计应考虑以下内容：

土钉支护可用于边坡的稳定，特别适用于黏性土、弱胶结砂土以及破碎软弱岩质路堑边坡加固。不宜直接用于含水丰富的粉细砂层、沙砾卵石层和淤泥质土层。对安全等级为一级的土钉墙支护高度原则上不超过 8m。

本工程的工程地质条件见表 9，地层以砂卵石为主，基坑深度为 12m，基坑边局部离既有建筑物距离很近，最近的仅有 4m。因此，此项目基坑安全等级应定为一级，选择单一土钉墙支护技术，的确存在一定的风险，特别是基坑水平位移很难满足要求，应采用复合土钉墙和其他更安全的支护方式。

b. 钉墙设计不能满足承载力和稳定性要求。

对基坑的施工方案进行承载力和稳定性分析，按照施工单位给定的设计条件，取基坑安全等级为 2 级，则基坑重要性系数取 1.0，整体滑移分项系数取 1.3，土钉抗拉分项系数取 1.3，地表作用满均布荷载 $10kN/m^2$，坡面与水平面夹角 85°，土钉与水平面的夹角 10°。根据现场地质情况，第一、第二排土钉采用 HRB335 级钢筋，钢筋直径 25mm，第三至第八排土钉采用 D32 钢花管土钉，具体设计见图 96、图 96 和表 10。

表 10　原土钉墙支护结构承载力和稳定性验算结果

土钉排数	受拉荷载标准值（kN）	抗拉承载力设计值（kN）	原设计土钉长度（m）
1	0	0.97	6
2	9.57	13.05	6
3	99.67	125.27	2
4	138.93	173.99	2
5	178.18	224.1	1.9
6	217.44	272.82	1.9
7	256.69	321.54	1.8
8	295.95	370.25	1.7
稳定性系数 F_s	0.449208		

采用某计算软件对本基坑工程设计进行验算，承载力和稳定性计算结果见表 10，稳定性安全系数仅为 0.449，从计算结果分析，原设计的土钉墙支护均不能满足承载力和稳定性要求。

c. 土钉墙端头设计不能满足冲切要求。

我国《建筑基坑支护技术规程》JGJ 120—2012 对土钉墙端头设计，虽未给出设计计算方法，但是，土钉墙端头出现冲切和剪切破坏，是土钉墙支护结构常见的破坏形态。根据相关资料，在西北黄土地区，土钉墙支护常见的破坏形态一般可概括为两种：一种是滑移稳定性破坏；另一种是土钉端头冲切被拔出破坏。

本项目土钉墙面板厚度仅为 60mm 左右，端头连接本身就不牢靠，经粗略验算，本项目土钉端头抗冲切能力仅为土钉承载力的 30% 左右，远不能满足端头强度要求。因此，在现场可以清晰地看到，顶部两层注浆土钉的破坏，就是土钉端头被拔出破坏。

②施工方面的原因。

a. 土钉注浆问题。

经现场检查顶部施工的两层注浆土钉质量，其底部 3m 左右注浆孔满浆，外部 3m 范围均不满浆，从而使土钉不能处于良好的工作状态，下部 6 层钢花管代替土钉，其管内无注浆痕迹，当然不能使土钉和土体很好的粘结，也是基坑支护体系被破坏的重要原因之一。

b. 土钉端头连接问题。

本项目土钉与混凝土面板为点焊连接，现场勘察发现仅采用两根 HPB235 级直径 10mm 钢筋与土钉端头点焊，抗冲切能力与焊接工人焊接方法密切相关，有很大的随机性，不能保证钉头质量，现场可以看到，土钉钉头冲切拔出破坏。

c. 墙面板厚度问题。

现场随机抽查面板实际厚度为 55 ~ 66mm，未达到我国《建筑基坑支护技术规程》JGJ 120—2012

对土钉墙面板厚度最小为80mm的规定，且不能满足土钉端头抗冲切和抗剪切的要求。

2）管理方面的原因。

相关部门负责人介绍，这一项目是在无证，未办理相关手续的情况下擅自开工建设的。

在此就不展开叙述了。

(3) 基坑工程的处理。

采用某设计计算软件，对基坑工程进行重新设计，承载力和稳定性计算结果见表11，稳定性安全系数为1.346，土钉墙支护能满足承载力和稳定性要求。

表11　重新设计的土钉墙支护结构承载力和稳定性验算结果

土钉排数	受拉荷载标准值 (kN)	抗拉承载力设计值 (kN)	重新设计土钉长度 (m)	原设计土钉长度 (m)
1	0	1.26	13.2	6
2	7.17	11.31	12.4	6
3	74.75	93.96	5.5	2
4	104.20	131.54	5.5	2
5	133.64	169.20	5	1.9
6	163.08	204.61	5	1.9
7	192052	242.20	4.5	1.8
8	221.96	277.69	4.5	1.7
稳定性系数 F_s	1.346			0.449

基坑边坡坡度85°，土钉水平间距0.9m，竖向间距1.5m，第一排距坡顶0.8m。其中第一、第二排土钉钢筋直径28mm，锚固体直径130mm，第三至第八排采用48×3的钢花管土钉，锚固体直径48mm。基坑设计立面和剖面图详见图98和图99，最后，其他未施工部位参照本设计方案进行施工。

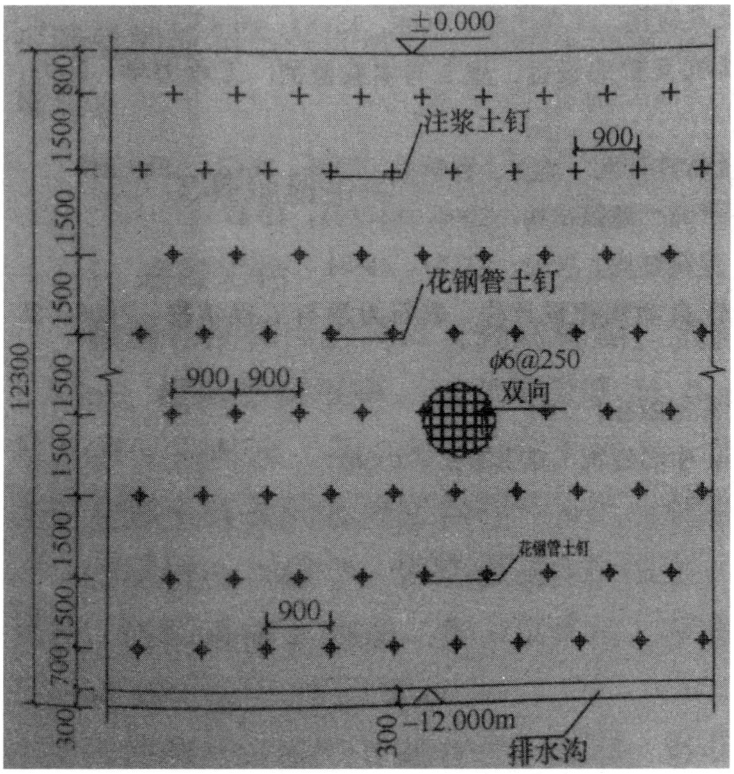

图98　土钉墙基坑支护设计立面图

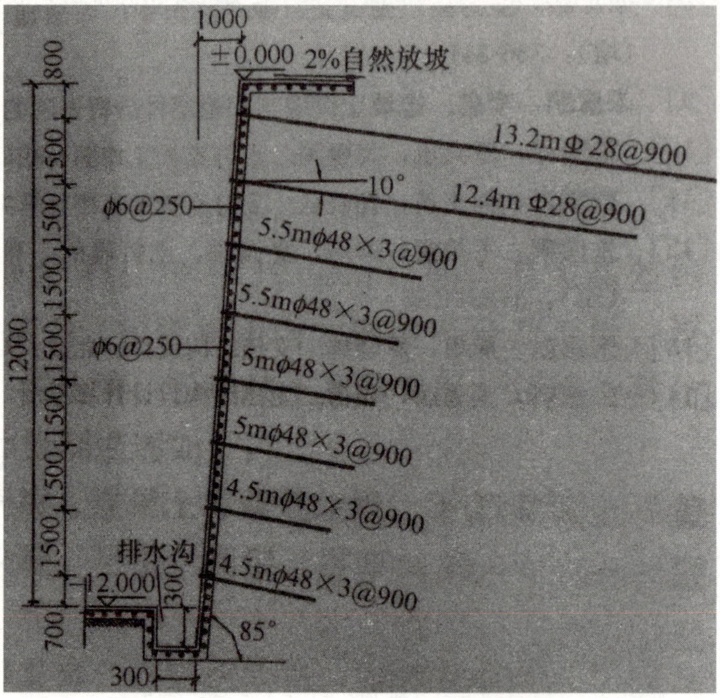

图 99　土钉墙基坑支护设计剖面图

（4）几点启示。

基坑工程随着建筑以及地铁工程的建设规模不断扩大，基坑的深度和规模仍在不断地加大，基坑工程的事故也越来越多，通过本工程事故分析，可以得到以下几点启示：

1）从表 11 计算结果与原设计进行对比分析，可以看出，原设计以及施工都存在重大的技术问题，不得不引起相关人员的高度重视。

2）基坑工程虽然为临时性的支护工程，但是，一旦出现问题可能会产生重大的生命和财产损失。

3）基坑工程地域特点非常明显，中国幅员辽阔，到异地设计与施工应收集和研究当地成熟的深基坑支护方法，这样才能做到经济安全。

4）基坑工程风险性很大，北京市政府在成立危大项目专项评审专家库的基础上，又即将基坑工程设计纳入设计管理，从而确保基坑工程的经济和安全。

4 结 束 语

总结发生的基坑工程事故，一般可以粗分为两大类：一是围护体系失稳产生破坏，多半直接发生塌坡；二是围护体系变形过大，致使周边道路、管线、建（构）筑物等产生破坏，引发次生灾害。

因此，支护结构设计时，应采用以下两种极限状态：

（1）承载能力极限状态。

1）支护结构构件或连接因超过材料强度而破坏，或因过度变形而不适于继续承受荷载，或出现压屈、局部失稳。

2）支护结构和土体整体滑动。

3）坑底因隆起而丧失稳定。

4）对支挡式结构，挡土构件因坑底土体丧失嵌固能力而推移或倾覆。

5）对锚拉式支挡结构或土钉墙，锚杆或土钉因土体丧失锚固能力而拔动。

6）对重力式水泥土墙，墙体倾斜或滑移。

7）对重力式水泥土墙、支挡式结构，其持力层因丧失承载能力而破坏。

8）地下水渗流引起的土体渗透破坏。

（2）正常使用极限状态。

1）造成基坑周边建（构）筑物、地下管线、道路等损坏或影响其正常使用的支护结构位移。

2）因地下水位下降、地下水渗流或施工因素而造成基坑周边建（构）筑物、地下管线、道路等损坏或影响其正常使用的土体变形。

3）影响主体地下结构正常施工的支护结构位移。

4）影响主体地下结构正常施工的地下水渗流。

不难看出，引发基坑工程事故的原因也可以分为两大类：一是土；二是水。前一类主要是设计者低估了作用在围护结构上的土压力或高估了土的抗剪强度；后一类是施工中未能控制好地下水。

造成基坑工程事故的原因来自工程勘察、设计、施工和监测几个方面。只有认真做好工程勘察和监测，强调概念设计，实施信息化施工，才能有效杜绝基坑工程事故发生。

就岩土工程设计而言，顾宝和大师认为：“土工问题分析中由于计算条件的模糊性和信息的不完全性，单纯力学计算不能解决实际问题，需要岩土工程师综合判断。不求计算精确，只求判断正确。”岩土工程设计具有概念设计的特性。从前面章节对基坑工程特性的分析可以看出基坑工程围护结构很复杂，不确定因素很多。土压力的合理选用；计算模型的选择；计算参数的确定等都需要岩土工程师综合判断。因此，基坑围护结构设计的概念设计特性更为明显。太沙基老先生提出的“Geotechnology is an art rather than a science”的论述，对基坑工程特别适用。岩土工程分析在很大程度上取决于工程师的判断，具有很强的艺术性，这些原则对基坑围护结构设计更为重要。

那么，如何搞好岩土工程的概念设计呢?

（1）从场地和工程的实际出发。

岩土工程概念设计讲究针对性，针对性就是要“对症下药”。岩土工程师应充分掌握工程的特点和具体数据，再“吃透”《勘察报告》，这样才能使自己的设计达到既定的目标，并满足设计要求。

（2）抓住关键，突出难点和重点。

岩土工程概念设计要大处着眼，所谓“大处”，就是抓难点、重点，抓关键。所谓难点，就是工程地质和岩土工程的疑难科技问题；所谓重点，就是对工程安全有重大影响的问题。如既有建筑附近接建，非饱和土基坑渡过雨季，基坑工程的坑中坑等等。关键问题，难点和重点问题解决了，工程安全的问题一般也就基本上解决了。

(3) 坚持设计理性，避免盲目。

概念是一种理性认识，理性就是不要盲目，理性设计是概念设计的核心。岩土工程概念设计要求设计者对原理有深刻的理解，同时又有丰富的工程经验，从框架设计到细部设计，既符合科学原理，又清楚计算模式、计算参数、计算结果与工程实际的差别，这才是理性设计。

(4) 注重综合判断和现场试验。

岩土工程师的能力主要在于综合判断的能力，判断是否正确，岩土工程师的理论基础和工程经验是决定性的。岩土工程师应善于将自己分散的、局部的经验与理性概念结合。概念是具体事物的抽象，具有普遍性，只有植根于理论基础上的经验才有生命力。

如果既没有可靠的计算方法，又没有现成的经验，那就只有依靠现场试验，来验证技术的可行性，确定有关设计参数。还常常采用信息化施工和反分析方法，利用信息反馈，不断完善设计。

(5) 统筹兼顾，协调配合，注意总体效果。

一项岩土工程可能涉及诸多方面，基坑工程就可能涉及支护设计、地下水控制、周边工程保护、既有建筑加固等等，各子项之间、地上地下之间、前后工序之间，都要统筹兼顾，协调配合，注意总体效果。岩土工程概念设计应首先进行总体设计的构思，构建总体框架，然后进入具体工程的细部设计计算。一项工程设计的好坏，决定于最终的总体效果，满足目标功能要求，满足规定的安全度和耐久性要求，满足卫生、生态等环境保护的要求。因此，岩土工程师在考虑总体效果时，应精心预测和评估。

(6) 设置多道防线，确保工程安全。

为了确保工程安全，需要设置多道防线，全过程层层把关。包括设计基础资料的审查和质量控制；设计软件和计算成果的校核；设计安全度的掌握；施工决策的论证；施工质量的控制、检验；施工和使用期间的监测；各种应急预案的启动等等。

综观以上事故案例，首先要引起岩土工程设计人员对基坑支护设计的高度重视，在设计前努力做好以下工作：

(1) 认真阅读《岩土工程勘察报告》，详细了解拟建场地的工程地质条件，了解基坑施工影响深度内的土层形成年代和成因，掌握土的工程性质。

(2) 详细了解拟建场地的水文地质条件，了解地表水、地下水的动态变化规律及其对拟建工程的影响。

(3) 现场踏勘很重要，要在现场掌握基坑周围环境条件，包括道路、地下管线分布、材质、连接形式、修建年代等、空中电缆、周围建（构）筑物埋深以及基础情况，另外，还要注意周边基坑施工情况，评估其施工对本基坑施工的影响。

(4) 认真阅读《结构设计总说明和有关图纸》，并与设计人充分沟通，掌握拟建建（构）筑物地下室结构和基础情况，以及是否需要进行地基处理等。

(5) 如已确定施工总承包单位，要与施工单位进行沟通，了解施工现场的施工平面布置情况，比如临建规模、平面尺寸，施工道路、荷载规模，塔吊的设置，材料加工场的设置、规模，施工总体安排，基坑回填时间等影响基坑使用时间和条件的情况。

(6) 根据上述情况，结合附近类似工程经验，进行综合分析，确定支护设计是按照稳定控制设计，还是按变形控制设计。

(7) 根据基坑周边环境条件的不同，合理选用基坑各边的围护形式。

(8) 合理确定地下水控制方法，但必须符合当地政府的有关规定。

(9) 在设计计算分析中合理选用土压力值，强调定性分析和定量分析相结合，抓住主要矛盾。

(10) 在计算分析的基础上进行工程判断，在工程判断时强调综合判断，在此基础上完成基坑围护结构设计。

(11) 设计得到本单位三级审核后，才能作为正式文件向外提交，必要时，需请外部专家进行评审，并按照专家意见进一步完善设计。

（12）设计人员一定要对施工人员进行技术交底，是施工人员明确设计意图。

作为施工人员，一定要做到以下几点：

（1）牢记施工技术交底的内容，严格照图施工。

（2）要密切关注实际施工条件的变化，例如：

基坑深度加深了；

基坑平面上增加了窗井；

工程地质条件局部与勘察报告提供的资料不一致；

水文地质条件局部与勘察报告提供的情况不一致；

周边出现新的不明障碍物；

相邻基坑进行开挖；

因工程用途变化，基坑支护施工暂停 1 年以上。

遇到这些情况，应该立即反馈给原基坑支护设计人员，建议他对基坑支护设计进行复核，验算，看是否在安全系数储备之内？如果需要对原设计进行变更，则应该立即停止作业，以免增加更多的加固费用。

（3）对发生变更的设计，要及时对变更设计进行再交底，使施工人员心中有数。

（4）在做好基坑支护的同时，要加强对支护体系本身及其周边环境的变形监测和人工巡视，并及时整理资料，将变形监测情况反馈给设计人员。

（5）当发生预警时，应及时电话通知设计及相关人员，并视危险程度，在组织坡底反压的措施后，及时撤离危险区域。

（6）组织专家咨询，并按照专家意见分别采取控制施工节奏、坡顶卸载、坡体加固等措施进行处理。

（7）在抢险加固的同时，加密变形监测频率，确保加固过程中不再发生新的危险。

（8）工程结束后，应对工程进行移交，办理相关手续，并对基坑的使用进行交底。

（9）工程移交后，在基坑回填之前这段时间里，要保持对基坑变形的监测工作。

院领导组织开展这样的事故案例回顾分析、总结活动，是一件十分有意义的活动，前事不忘，后事之师。通过本书的出版，就是要让所有从业员工深深地体会到，《国家、行业、地方标准、规范》中的每一条款，都是用前人的鲜血和泪水换来的，必须认真严格执行。

参 考 文 献

1 顾宝和. 岩土工程设计安全度 [M]. 北京: 中国计划出版社, 2009.
2 龚晓南. 深基坑工程设计手册 [M]. 北京: 中国建筑工业出版社, 1998.
3 龚晓南. 基坑工程实例3 [M]. 北京: 中国建筑工业出版社, 2010.
4 余志成. 深基坑支护设计与施工 [M]. 北京: 中国建筑工业出版社, 1998.
5 张修明. 某高层建筑深基坑护壁结构倒塌概况及原因分析 [C]. 中国建筑学会施工委员会第六届第二次会议学术年论文集, 北京: 中国建筑学会, 1995.
6 王明恕. 深基坑边坡事故分析 [J]. 施工技术, 1995 (2).
7 段以毅. 某大厦工程深基坑支护结构倒塌的救治措施 [J]. 建筑施工, 1994.
8 胡建武. 深基坑涌水涌砂的原因分析和处理 [J]. 建筑技术, 1996 (2).
9 韩云乔. 深基坑支护结构失效原因分析 [J]. 建筑技术, 1993 (3).
10 桂业琨. 软土地区深基坑开挖所遇到的问题及对策 [C]. 上海市基础工程公司第三届科技大会基础施工技术论文集, [出版者不详], 1995.
11 李世民, 等. 北京地铁矿山法施工隧道坍塌原因分析及预防处理措施 [J]. 工程勘察, 2008 (8).
12 丁达伟. 地铁浅埋暗挖隧道塌方事故原因分析及建议 [J]. 中国科技信息, 2011 (10).